ACTE IV, SCÈNE XVI.

L'OUVRIER,

DRAME EN CINQ ACTES,

par Frédéric Soulié,

REPRÉSENTÉ, POUR LA PREMIÈRE FOIS, A PARIS, SUR LE THÉATRE DE L'AMBIGU-COMIQUE, LE 18 JANVIER 1840.

PERSONNAGES.	ACTEURS.
LOMBARD, menuisier.	M. SAINT-ERNEST.
AUGUSTE, ses fils.	M. ALBERT.
VICTOR, ses fils.	M. PAUL LABA.
M. DE MONNERAIS.	M. SAINT-HILAIRE.
JULES DE MONNERAIS, son fils.	M. ANATOLE GRAS.
ROUSSILLON.	M. BOUTIN.
JACQUES.	M. MONNET.
UN DOMESTIQUE.	M. EUGÈNE.
Mme DE GÈVRES.	Mme LAMBQUIN.
EUGÉNIE, sa petite-fille.	Mme FIERVILLE.
JULIENNE, nièce de Lombard.	Mlle BOUGEMONT.
OUVRIERS MENUISIERS.	

ACTE PREMIER.

Le théâtre représente une cour. On voit, à droite et à gauche, des ateliers vitrés avec des outils de menuiserie. Parmi ces constructions, une espèce de petite maisonnette où est un bureau. Au fond, une porte cochère et la loge du concierge.

SCENE PREMIERE.

JULIENNE, JACQUES, *puis* AUGUSTE.

JULIENNE.

Mon oncle n'est pas rentré ?

JACQUES.

Non, mamzelle... M. Lombard est sorti à midi... mais il y a loin du faubourg Saint-Symphorien à la grande place de Lille, chez l'entrepreneur de la nouvelle caserne... et puis c'est le jour où M. Lombard doit toucher le montant de la menuiserie qu'il a fourni; et avant que le compte ne soit reconnu, discuté, arrêté .. ça sera long, tout le monde ne traite pas les affaires rondement comme votre oncle.

JULIENNE.

Tu as raison!... et il ne rentrera pas sans avoir terminé, car c'est après demain, lundi, la fin du mois... c'est le jour où il a à régler tous nos marchands, et il faut qu'il rapporte des fonds pour ce paiement...

JACQUES.

Et avec ça ceux de la paie, puisque c'est aujourd'hui le second samedi de la quinzaine...

JULIENNE.

Il n'est que cinq heures... j'aurai le temps de finir mes comptes... Voyons!... donne-moi ta feuille d'entrée et de sortie pour aujourd'hui.

JACQUES.

Tout de suite...

Il va à la loge près de la porte du fond.

JULIENNE.

Je n'ai pas aperçu mon cousin Victor de la journée... mon oncle n'est pas content de lui... Je voudrais prévenir mon cousin de ne pas sortir comme il fait tous les soirs dès que la journée est finie... son père finira par se fâcher...

AUGUSTE, *arrivant à pas de loup, prend la taille de Julienne et l'embrasse.*

V'lan tarabisco!

JULIENNE, *avec un cri.*

Oh!

AUGUSTE.

C'est moi, Auguste Lombard!

JULIENNE.

Ah! c'est toi!... viens un peu que je te parle. (*Elle lui donne un soufflet avec son livre de comptes.*) V'lan, battant meynaud!

AUGUSTE.

Merci! je l'aurais autant aimé au naturel.

JULIENNE.

Et la première fois que ça arrivera, je le dirai à mon oncle...

AUGUSTE.

A mon père... j'aime encore mieux les battans meynaud.

JULIENNE.

Voyons!... Que viens-tu faire ici, paresseux?

AUGUSTE.

Paresseux!... je n'ai pourtant pas mal employé mon temps...

JULIENNE.

Auguste, prends-y garde! mon oncle Lombard n'est pas plus content de toi que de Victor...

AUGUSTE.

Ah! bah! je te voudrais à notre place, tu verrais si c'est facile de le contenter, mon père!...

JACQUES, *qui s'est approché.*

C'est tout de même vrai que M. Lombard a des idées singulières. Certainement c'est le plus honnête homme et le meilleur maître du pays... (*Il donne la liste.*) Voilà! mamzelle... mais il a une drôle de manière de faire élever ses fils. Il leur fait apprendre les mathématiques, le dessin, toutes les sciences, quoi!... et puis il les fait travailler à l'atelier comme de simples ouvriers...

AUGUSTE.

Et puis parce que mon frère Victor aime mieux tenir un livre qu'une varlope, mon père n'est pas content...

JULIENNE.

Et il a raison.

AUGUSTE.

Et parce que j'aime mieux pousser une feuillure que de pâlir sur la géométrie de M. Legendre, il me tarabuste...

JULIENNE.

Et il a raison.

AUGUSTE.

Bon!... ça t'est facile à dire, à toi, Julienne, à qui il ne demande rien que ce qu'il te plaît de faire...

JULIENNE.

C'est que je ne suis que sa nièce et qu'il n'a pas d'ambition pour moi...

JACQUES.

Ça n'empêche pas qu'il oblige mamzelle Julienne à tenir les comptes de la maison comme un commis.

JULIENNE.

Et il ne faut pas qu'il y ait d'erreur..

AUGUSTE.

C'est ça que la quinzaine dernière, quand tu t'es trompée de vingt francs de trop sur le compte de Victor, au lieu de te gronder, mon père t'a tendu la main et t'a embrassé en te disant : Tu es une bonne fille, Julienne...

JULIENNE, *à part.*

Pauvre Victor

AUGUSTE.

Si mon frère ou moi nous en avions fait autant, il y aurait eu un beau tapage... mais toi, tu n'as jamais tort .. même quand tu fais les comptes de travers...

JULIENNE.

Et comme je veux les faire justes aujourd'hui, je vais rabattre sur ta journée une heure que tu viens de perdre là au lieu de travailler.

AUGUSTE.

Hein!... ne vas pas t'aviser de ça, au moins: j'ai besoin de tout mon argent...

JULIENNE.

Pourquoi faire?

AUGUSTE.

Tiens!.. pourquoi faire!... Tu verras... la sainte, quelque chose approche... et ..

JULIENNE.

Ah! pour ça, je ne veux pas... entends-tu!... Auguste...

AUGUSTE.

Ah! tu ne veux pas... Mais je veux, moi! Demain, 8 juillet 1816, c'est la fête de quelqu'un... et il y aura du tarabisco malgré toi.

Il lui envoie un baiser.

JULIENNE, *à part.*

Oui, demain, c'est ma fête... il s'en souvient, lui!...

AUGUSTE.

Et je ne dis que ça... De ce côté là je suis sûr au moins de contenter mon père...

JULIENNE, *à part.*

Mais Victor ne pense plus à rien... Allons, il faut finir ce compte.

AUGUSTE, *à part.*

Roussillon m'a promis que ce serait soigné et cossu.

Roussillon paraît et se glisse du côté des ateliers.

JULIENNE, *qui a gagné la porte du bureau en lisant la feuille de Jacques.*

Jacques !

JACQUES.

Mamzelle !

JULIENNE.

Comment aujourd'hui encore Roussillon est arrivé si tard ?

JACQUES.

Oui, mamzelle, plus de deux heures après la journée commencée ; et il n'est pas rentré depuis l'heure du déjeuner.

SCENE II.

ROUSSILLON, AUGUSTE, JACQUES, JULIENNE.

ROUSSILLON, *à part, du fond.*

Tu mens, vieux Cerbère, je suis rentré.

JULIENNE.

Mon oncle n'aime pas les ouvriers paresseux, et il se fera renvoyer

ROUSSILLON, *de même.*

Je m'en irai bien tout seul !

AUGUSTE.

Voyons, Julienne, sois gentille, remets-lui cette demi-journée-là ; c'est moi qui lui avais donné une commission.

JULIENNE.

Eh bien ! tu la lui paieras...

AUGUSTE.

Tu es bien méchante aujourd'hui.

JULIENNE.

Si je l'étais... j'aurais beaucoup de choses à te dire, Auguste : tu ne quittes plus ce Roussillon, et Dieu sait s'il ne finira pas par t'entraîner dans quelque méchante affaire.

ROUSSILLON, *de même.*

Et s'il y va, tu pourras bien l'y suivre, la belle blonde !

AUGUSTE.

Quand elle sera ma femme, c'est moi qui tiendrai les comptes.

Julienne sort, Jacques la suit.

SCENE III.

ROUSSILLON, AUGUSTE, *puis* JACQUES.

ROUSSILLON.

Je vous cherchais, monsieur Auguste !

AUGUSTE, *vivement.*

Eh bien !

ROUSSILLON, *lui donnant un écrin et regardant autour de lui.*

Voilà !

AUGUSTE.

Voyons un peu ! (*Il ouvre l'écrin.*) Qu'est-ce que c'est?

ROUSSILLON.

Ça ne vous plaît pas ?

AUGUSTE.

Au contraire ; mais je t'avais demandé du gentil, et tu m'apportes des bijoux de duchesse, des boucles d'oreilles en rubis ; merci !

ROUSSILLON.

Comment, vous refusez !... et vous dites que vous êtes amoureux de votre cousine... Allons donc !... Ne savez-vous pas que les femmes sont comme les alouettes, ça se prend à ce qui brille.

AUGUSTE.

Avec quoi veux-tu que je te paie ça ?

ROUSSILLON.

Cinquante écus ! c'est donné !

AUGUSTE.

C'est possible, car c'est d'un fameux goût, et ça irait à Julienne comme un bijou que ça est... Mais j'aurai beau faire suer les soixante francs de ma quinzaine, ça n'ira jamais à cinquante écus, car malheureusement les pièces de cent sous ne font pas de petits... Or, voilà.

Il lui tend l'écrin

ROUSSILLON, *à part.*

Mille tonnerres ! il me faut pourtant de l'argent !

AUGUSTE, *lui tendant toujours l'écrin.*

Prends donc ! J'irai demain à Lille, je ferai mon emplette moi-même.

ROUSSILLON.

Voyons, je vous le laisse pour cent francs.

AUGUSTE.

Tiens !... tu voulais donc gagner sur moi ?

ROUSSILLON.

Eh ! non, je vous l'ai dit, j'ai trouvé ça chez un vieux brocanteur de ma connaissance, et il m'a chargé d'en avoir le plus que je pourrais.

AUGUSTE.

Eh bien ! Roussillon, pas plus de cent francs que de cinquante écus. Je vais toucher ma quinzaine ; c'est soixante francs cinquante centimes à prendre ou à laisser.

ROUSSILLON, *à part.*

Ça vaut toujours mieux que rien ! et pour ce que ça me coûte... (*Haut.*) Eh bien, tope, à soixante francs comptant ; vous me paierez plus tard le reste.

AUGUSTE.

Comme ça, je ne dis pas, c'est quarante francs que je te redevrai.

ROUSSILLON.

C'est juste ! quand vous m'en aurez donné soixante.

AUGUSTE

Ça va sans dire.

Il sort

ROUSSILLON, *à part.*

Et pour les autres, n'aie pas peur que je vienne te les demander. Et maintenant, il faut me faire renvoyer d'ici, pour n'avoir pas l'air d'avoir filé sans raison.

JACQUES, *reparaissant.*

Ah ! c'est vous ! Depuis quand êtes-vous rentré ?

ROUSSILLON.

C'est votre affaire de le savoir, concierge..

JACQUES.

J'ai quitté un moment la porte...

ROUSSILLON.

Et moi un moment l'atelier, partant quitte, mon vieux va sonner la cloche... car voilà l'heure de la clôture définitive et sans remise...

JACQUES, *s'éloignant.*

Ah ! quel garnement !

ROUSSILLON, *seul.*

Ce gueux delogeur ! il veut absolument les cent francs pour laisser sortir ma malle... avec ce qui me reviendra de ma quinzaine, ça fera l'affaire ; et demain à pareille heure, bien fin qui me rattrapera en France !... Il n'y a pas de temps à perdre ; car l'affaire sera bientôt éventée... et alors...

Jacques sonne, tous les ouvriers arrivent

SCENE IV.

LES OUVRIERS, *sortant en foule des ateliers ;* **ROUSSILLON, JULIENNE** *qui reparait; puis* **AUGUSTE** *et* **VICTOR**.

LES OUVRIERS.

Bonjour, mamzelle Julienne, bonjour !

JULIENNE.

Bonjour, bonjour !

ROUSSILLON.

Eh bien! ça commence-t-il, la paie ?

JULIENNE.

J'attends mon oncle, il ne va pas tarder à rentrer...

ROUSSILLON.

Ah ! il paraît qu'on est plus pressé de nous demander de l'ouvrage que de nous donner de l'argent...

JULIENNE.

Prenez garde à ce que vous dites, Roussillon, vous n'oseriez pas parler ainsi devant mon oncle.

JACQUES.

Vous êtes donc bien pressé, que vous ne puissiez attendre une minute ?

ROUSSILLON, *blaguant.*

C'est que je n'ai pas encore mangé la soupe, et que je l'adore, la soupe !

Il chante à tue-tête :

Potage à la Julienne !

JACQUES.

Méchante canaille, te tairas-tu ?

ROUSSILLON.

De quoi ! de quoi !... est-ce qu'on ne peut pas chanter, ici ?

JACQUES.

Eh bien ! avise-toi de recommencer...

ROUSSILLON, *reprenant en chantant.*

Potage à la Julienne !

LES OUVRIERS.

Veux-tu te taire ?

ROUSSILLON, *se posant pour tirer la savate.*

Eh ben ! après... allons ! voyons ! qu'est-ce qui veut que je lui prenne sa mesure sans règle ni compas ?... Potage à la...

VICTOR, *paraissant en costume d'ouvrier.*

Eh bien ! qu'est-ce que c'est ?

TOUS LES OUVRIERS, *s'écartant.*

M. Victor !

ROUSSILLON, *à part.*

Ah ! c'est le muscadin !

VICTOR.

Encore vous, monsieur !

ROUSSILLON.

Toujours.

JACQUES.

Et plus insolent que jamais... il a insulté mamzelle Julienne.

VICTOR.

Vous avez insulté ma cousine, misérable ! Si vous n'étiez pas le dernier des hommes, je vous en demanderais raison.

ROUSSILLON, *se posant.*

Raison !... en voici des raisons, et je m'en vante ! Voilà ! voila !... qu'est-ce qui en veut ?... servez chaud !

VICTOR.

Il y a d'autres armes pour les gens d'honneur.

ROUSSILLON.

J'aime mieux celles-là... il n'y a pas besoin de les huiler de peur de la rouille.

VICTOR.

Et vous prétendez avoir été soldat, avoir porté une épée ?...

ROUSSILLON.

Je suis rentré dans le civil... qui en veut ?

VICTOR, *avançant sur lui.*

Misérable !

JULIENNE, *l'arrêtant.*

Victor, je vous en prie, laissez là cet homme. Jacques s'est trompé, il ne m'a point insultée.

VICTOR.

Ah ! c'est vous, ma cousine ?... rentrez, ce n'est ici la place d'une femme, et mon père, du moins, ne vous force point à vivre au milieu de ces gens grossiers et brutaux.

ROUSSILLON, *aux autres.*

Vous l'entendez. Parce qu'il s'endimanche tous les jours de la semaine, il se croit un bourgeois ! Ça n'a pas pour deux liards de terre, et ça fait pour six sous de poussière. Va donc mettre ton pantalon collant et tes bottes à la russe, et tâche de bien épousseter les copeaux...

VICTOR.

Mais cet homme est donc ici pour nous insulter tous ?...

ROUSSILLON.

Eh bien ! qu'est-ce qu'il y a ?... ou vous êtes ouvrier, et je ne vois pas qui de nous deux doit le respect à l'autre ; ou vous êtes notre bourgeois, et alors payez-moi, et mettez-moi à la porte.

VICTOR, *à Julienne.*

Et voilà à quoi mon père nous expose en nous forçant à cet ignoble métier.

JULIENNE.

Voyons, Victor, calmez-vous ! je vais rentrer dans le bureau ; venez avec moi, j'ai à vous parler...

Pendant ce temps, Roussillon rentre dans l'atelier, où il va mettre sa redingote et son chapeau. Les ouvriers causent au fond.

VICTOR.

Pardon, ma cousine, plus tard... il faut que j'aille m'habiller, je suis forcé de sortir.

JULIENNE.

Ce soir?

VICTOR.

Oui, ce soir même.

JULIENNE.

Pas ce soir, Victor, je vous en prie.

VICTOR.

Julienne, je n'ai pas oublié que c'était votre fête demain; vous trouverez mon bouquet dans votre chambre, et j'espère que vous ne m'en voudrez pas.

JULIENNE.

Ce n'est pas moi, mais votre père, Victor!

VICTOR, *avec impatience.*

Ah! mon père...

JULIENNE.

Aujourd'hui restez, je vous en prie.

VICTOR.

Je ne puis pas... non, j'ai promis...

AUGUSTE, *entrant.*

Tiens! c'est toi!... bonjour, frère... Est-ce que tu n'attends pas la paie?

VICTOR.

Je vais revenir tout à l'heure.

AUGUSTE.

Dis donc, pourras-tu me rendre quarante francs sur ta quinzaine? (*A part.*) Je ne me soucie pas de devoir rien à ce gars de Roussillon.

VICTOR, *embarrassé.*

Quarante francs!...

AUGUSTE.

Si tu ne peux pas, ne te gêne pas.

Il va à Julienne.

VICTOR, *s'éloignant.*

Ah! mon Dieu! être misérable à ce point!... Ah! je suis fou de ne pas éteindre cet amour dans mon cœur... mais elle m'attend, et j'irai... j'irai.

Il sort.

ROUSSILLON, *reparaissant.*

Au plaisir de vous revoir, monsieur de la Lombarderie!

AUGUSTE, *à Roussillon.*

Dis donc, dis donc, toi, qu'est-ce que vient de me dire ma cousine, que tu t'es permis de la mécaniser en chansons?

ROUSSILLON.

Moi, incapable d'insulter le beau sexe, surtout quand vous en êtes amoureux, monsieur Auguste.

AUGUSTE, *bas.*

Veux-tu te taire?

ROUSSILLON.

C'était une simple romance d'occasion qui se chante dans les meilleures sociétés de Paris : (*Il chante.*) Potage à la Julienne!...

SCÈNE V.

LES MÊMES, LOMBARD.

LOMBARD, *prenant Roussillon à la gorge.*

Prends garde de te donner une entorse au gosier, mon gars!

Tout le monde se découvre.

LES OUVRIERS.

Monsieur Lombard!

AUGUSTE.

Mon père!

ROUSSILLON.

Si c'est pour ça que vous revenez si tard, vous auriez tout aussi bien fait de vous presser encore moins.

LOMBARD.

Julienne!

JULIENNE.

Mon oncle!

LOMBARD.

Quel est le compte de cet homme?

JULIENNE.

Je vais vous le dire.

LOMBARD, *à des portefaix.*

Entrez ces sacs là-dedans, vous autres!...

Ils entrent un gros sac plein d'autres sacs d'écus.

ROUSSILLON, *à part.*

J'aimerai mieux ça que des bijoux... c'est plus lourd, mais ça ne se reconnaît pas.

JULIENNE, *reparaissant sur la porte du bureau.*

Roussillon... six journées et demie à quatre francs, vingt-six francs.

ROUSSILLON.

Vingt-six francs! Merci, ce n'est pas mon compte.

LOMBARD.

Mais c'est le mien! vingt-six francs!

Il lui tend la somme.

ROUSSILLON.

Il me faut quarante-huit francs... Douze jours à quatre francs.. c'est juste comme un bas de soie.

LOMBARD, *remettant l'argent dans sa poche.*

C'est bien! Tu me feras assigner chez le juge de paix.

ROUSSILLON.

Il n'y a pas besoin de juge de paix!... il me faut quarante-huit francs... et je les aurai.

LOMBARD, *aux ouvriers.*

Rangez-vous un peu, vous autres. (*A Roussillon.*) Vois-tu cette porte! regarde-la bien pour n'y jamais repasser.. et maintenant file, que je voie si les talons de tes souliers sont bien cirés.

ROUSSILLON.

Plaît-il?

LOMBARD.

Que je voie si les talons de tes souliers sont bien cirés.

ROUSSILLON.

Et vous renvoyez comme ça vos ouvriers sans les payer?

LOMBARD, *le prenant au collet.*

M'as-tu entendu?

ROUSSILLON.

Est-ce que vous voulez m'assassiner par-dessus le marché?

JULIENNE.

Mon oncle, mon oncle, je vous en prie...

AUGUSTE.

Mon père...

JULIENNE.

O mon oncle, ne vous compromettez pas avec ce mauvais sujet... donnez-lui son argent.

LOMBARD.

Non.

ROUSSILLON.

Vous me paierez au moins mes vingt-six francs?

LOMBARD.

Ni quarante-huit, ni vingt-six... Je ne veux pas qu'il aille dire que je ne lui ai pas payé ce que je lui devais. Le juge de paix prononcera.

ROUSSILLON, *d'un ton pleurard.*

Eh ben! avec quoi que je mangerai jusque là!

LOMBARD.

Ah! tu n'as pas de quoi manger! Eh bien, tiens! voilà cinquante francs! mais je ne te paie pas, entends-tu? je te fais l'aumône. Il y a des mendians qui valent mieux que toi, et à qui je n'en ai pas tant donné.

AUGUSTE, *qui a pris les cinquante francs, et qui les passe à Roussillon.*

Allons! prends et file!

ROUSSILLON.

Et mes soixante francs?

AUGUSTE.

Attends-moi derrière le mur du chantier, j'irai te le porter.

ROUSSILLON.

Bon! (*A part.*) Ça te coûtera plus cher qu'au marché ce que tu viens de dire.

LOMBARD.

Eh bien! m'as-tu entendu?

ROUSSILLON.

Adieu, monsieur Lombard! (*Du fond.*) Les bons comptes font les bons amis... Tenez, v'là quarante sous que vous m'avez donnés de trop... Au plaisir...

Il sort.

LOMBARD.

Ah! le misérable! il me rendra sans pitié pour tout le monde... Il s'est présenté ici comme un pauvre soldat qui revenait de l'étranger... et vous savez, vous autres, s'il en manque... Mais enfin, n'y pensons plus!... Allons, mes enfans, à votre tour!... (*A Auguste.*) Auguste, j'ai à te parler, à toi et à Victor après la paie.

AUGUSTE.

Victor va venir!

JULIENNE.

Les comptes sont sur le bureau, mon oncle.

LOMBARD.

Bien.

SCENE VI.

JULIENNE, AUGUSTE.

La nuit tombe pendant cette scene; les ouvriers entrent les uns après les autres, sortent du bureau et quittent la cour.

AUGUSTE, *montrant l'écrin.*

Julienne, vois-tu ça?

JULIENNE.

Tiens! la jolie boîte!

AUGUSTE.

Ce n'est rien, la boîte... c'est ce qui est dedans.

JULIENNE.

Voyons un peu!

AUGUSTE.

Bon! si tu vois un peu, tu verras tout-à-fait.

JULIENNE.

Puisque c'est pour moi.

AUGUSTE.

Tu en es sûre?

JULIENNE.

Est-ce que ce n'est pas des brimborions de femme?

AUGUSTE.

Est-ce qu'il n'y a pas d'autres femmes que toi en ce monde?

JULIENNE.

Bah! est-ce qu'il y en a d'autres pour toi?

AUGUSTE.

Jamais, jamais. Et pourtant, vois-tu! si j'étais jaloux, je croirais que mon frère Victor...

JULIENNE.

Oh! oui, il pense bien à moi, lui!

AUGUSTE.

C'est possible! Mais tu penses à lui, toi!

JULIENNE.

C'est vrai! parce qu'il devient tous les jours plus triste, plus sombre. Je suis sûre qu'il a un amour malheureux dans le cœur.

AUGUSTE.

Et c'est pour ça que tu le plains .. Et moi donc, alors, pourquoi est-ce que tu ne me plains pas?

JULIENNE.

Ah! ça ne t'empêche pas de dormir.

AUGUSTE.

Ah! les femmes! ça a toujours pitié des amoureux des autres, et quand elles en ont un tout petit, elles n'ont pas de plus malin plaisir que de le faire enrager.

JULIENNE.

Ça distrait de l'ennui de les écouter.

AUGUSTE.

Ah! c'est comme ça! Eh bien! ça, vois-tu! je le donnerai à la grande Jeannette.

JULIENNE.

A ton aise... Fais voir toujours si ça lui ira bien!

AUGUSTE.

Tu veux voir?

JULIENNE.

Dépêche-toi donc!

AUGUSTE.

Eh bien ; ferme les yeux.

JULIENNE.

Comment?

AUGUSTE.

Ferme les yeux, si tu veux voir.

JULIENNE.

Voilà!

AUGUSTE, *lui attache les boucles d'oreilles, l'embrasse.*

V'lan tarabisco... regarde maintenant comme ça te va!

JULIENNE.

Tu es bête! Comment veux-tu que je voie!

AUGUSTE, *riant.*

Ah! c'est vrai! C'est égal! tu es jolie comme tout.

SCENE VII.

LES MÊMES, VICTOR, *habillé avec élégance; puis* LOMBARD.

VICTOR.

Ils s'aiment!... ils sont heureux!...

AUGUSTE.

Ah! te voilà, frère! Mon père a à nous parler.

VICTOR.

Je vais l'attendre!

JULIENNE.

Merci de votre bouquet, Victor... il est charmant.

AUGUSTE.

C'est ça, quatre méchantes fleurs!... Et elle ne m'a pas seulement remercié'...

LOMBARD, *sortant du bureau.*

Ah! vous voilà, vous autres!.. (*A part en regardant Victor.*) Toujours le même!...

AUGUSTE.

Est-ce que la paie est finie, mon père?

LOMBARD.

Tout-à-fait finie!

AUGUSTE.

Ah!

VICTOR.

Permettez-nous de vous rappeler qu'en nous forçant a travailler comme des ouvriers, vous avez consenti à nous payer comme eux.

LOMBARD.

C'est juste! Votre compte se monte à quatre-vingt francs... voilà une quittance de pareille somme de votre tailleur.

VICTOR.

Mais, mon père!...

LOMBARD.

Voilà deux mois que vous lui promettez de l'argent sans lui en donner... Je me suis chargé de le satisfaire... Je ne veux pas que mes fils fassent des dettes, entendez-vous?

AUGUSTE, *à part.*

Oh! si c'est comme ça, gare à mes soixante francs!

VICTOR.

Vous avez raison, mon père.

LOMBARD.

Si cependant vous avez besoin d'argent, j'ai un travail extraordinaire à vous donner. Il s' agi d'aller vérifier des travaux à faire dans un château voisin... Il faut que cela soit fait demain dimanche.

VICTOR.

Excusez-moi, mon père... j'ai engagé toute ma journée.

LOMBARD.

Et votre soirée aussi, à ce qu'il paraît!

VICTOR.

Ne nous avez-vous pas laissés libres d'en disposer?

LOMBARD.

C'est juste!

VICTOR.

Si cependant vous me défendez de sortir, je resterai.

LOMBARD.

Je ne vous le demande pas. (*A part.*) Ah! il cassera plutôt que de plier. Non ce n'est pas là mon fils, mais il faut être juste pour tout le monde. (*Haut.*) Quant à toi, Auguste, voilà aussi ta quinzaine!...

Il lui passe un papier.

AUGUSTE, *regardant.*

Oh! le mémoire du traiteur! comme c'est régalant... et Roussillon qui m'attend!...

LOMBARD, *à Julienne.*

Diable! tu as de bien belles boucles d'oreilles.

JULIENNE.

C'est le cadeau d'Auguste!

AUGUSTE.

Prends garde de le perdre...

LOMBARD, *bas à Julienne.*

J'ai laissé de l'argent sur le bureau... prête-lui quelque chose...

JULIENNE, *bas.*

A Victor?

LOMBARD, *bas.*

A Victor?... oui, à tous les deux... (*Haut.*) Jacques, je sors... veille bien sur la porte...

VICTOR.

Voulez-vous me permettre de vous accompagner?

LOMBARD.

Oh! nous n'allons pas probablement du même côté.

JULIENNE, *bas à Victor.*

J'ai à vous parler.

AUGUSTE, *dans un coin du théâtre.*

Quel guignon!... chien de sort! quel guignon!

LOMBARD.

Eh bien! qu'est-ce que tu as pour te démener comme ça?

AUGUSTE.

Pardieu! c'est parce que je n'ai rien que je me démène.

LOMBARD.

Est-ce que par hasard les boucles d'oreilles attendent après la quinzaine?

AUGUSTE.

Juste!... il faut les rendre ou les payer; et cherche... ça sonne comme une mie de pain dans un bonnet de coton.

LOMBARD, *à part.*

Je ne peux pourtant lui laisser emprunter de l'argent à sa cousine pour payer son cadeau.

AUGUSTE, *à part.*

Il met la main au gousset.

LOMBARD, *bas.*

Pas devant Victor... (*Haut.*) Voyons! veux-tu aller au château à la place de ton frère?

AUGUSTE.

Tout de suite, si c'est pour gagner de l'argent...

LOMBARD.

Eh bien! viens me faire la conduite un bout de chemin... je te dirai où c'est et ce qu'il y a à faire.

AUGUSTE, *à part.*

Je tiens mes soixante livres.

LOMBARD.

Jacques, je vais chez le voisin Bonnard pour lui dire que son argent est prêt pour lundi. Je rentrerai tout à-l'heure; fais bien attention à la porte...

JULIENNE.

Bonsoir, mon oncle!

LOMBARD.

Bonsoir, ma fille, bonsoir!

VICTOR.

Bonsoir, mon pere.

LOMBARD, *à Auguste, sans regarder Victor.*

Allons! viens-tu, toi?

VICTOR.

Ah! toujours la même dureté!

SCENE VIII.

VICTOR, JULIENNE.

VICTOR.

Oh! assez!... j'en ai assez de cette vie à laquelle mon père me condamne.. oh! je partirai... j'irai chercher ailleurs la fortune et l'affection que je ne trouverai jamais ici.

JULIENNE.

Victor, pouvez-vous parler comme ça? quitter votre père!...

VICTOR.

Mon père! mais je lui déplais... ma présence le gêne... car tout ce qui ne cède pas à sa volonté de fer l'irrite... et vous savez si cette volonté est fantasque et capricieuse. Après nous avoir fait élever au collége, mon frère et moi parmi les fils de famille les plus riches, il semble avoir eu regret de l'instruction qu'il nous a donnée, et nous a réduits à redevenir ses manœuvres...

JULIENNE.

C'est que votre père ne méprise pas l'état qui l'a mis à même de vous donner de l'éducation.

VICTOR.

Alors il aurait dû nous y laisser toujours.

JULIENNE.

Auguste l'a repris sans répugnance.

VICTOR.

Sans doute!... mais peut-être cela lui est-il plus facile qu'à moi; car tout le monde l'aime ici; les ouvriers, mon père, vous, Julienne et se sentir aimé, voyez-vous! cela donne du courage ou de la résignation.

JULIENNE.

Mais vous en aviez autrefois, Victor... ces occupations qui vous déplaisent tant vous les avez d'abord acceptées avec gaîté, avec plaisir... et dans ce temps-là, s'il y avait une préférence pour quelqu'un dans le cœur de mon oncle, elle n'était pas pour votre frère.

VICTOR.

Mais cela n'a pas duré long-temps.

JULIENNE.

Cela a duré jusqu'au jour où vous-même avez pris votre travail en haine, la maison de votre père en aversion, notre société en mépris.

VICTOR.

Ah! ma cousine! que dites-vous là?

JULIENNE.

C'est vrai, Victor. ne me démentez pas... mais moi pourtant je ne vous en veux pas... moi je sui femme, je vous comprends; je vous excuse et je vous plains, car vous devez être bien malheureux...

VICTOR.

Ah! oui, je suis bien malheureux...

JULIENNE.

Aimer quelqu'un au-dessus de soi, et qu'on ne pourra jamais obtenir... c'est cruel, n'est-ce pas?

VICTOR.

Julienne, d'où savez-vous..?

JULIENNE, *à part.*

Ah! j'en étais sûre... (*Haut.*) Votre conduite me l'a dit depuis long-temps... mais vous êtes aimé au moins...

VICTOR.

Oui, je le crois... mais c'est parce qu'on ignore qui je suis.

JULIENNE.

Vous êtes aimé, et vous vous plaignez... ah! vous n'avez pas de courage.

VICTOR.

Non, je n'en ai pas devant un malheur qu'aucune persévérance ne peut vaincre.

JULIENNE.

Il y a pourtant des personnes qui en ont eu de plus cruels à supporter, et qui en ont triomphé.

VICTOR.

Vous vous trompez... il n'y a pas de pire douleur que de se voir mépriser par celle qu'on aime, et c'est ce qui m'attend.

JULIENNE.

Être méprisé parce que l'on est pauvre, ce n'est rien, croyez-moi... mais je connais quelqu'un qui a aimé plus que vous... ni fortune, ni naissance ne la séparaient de celui qu'elle aimait; seulement elle était simple et résignée, et il était ambitieux et plein de vanité. Ce ne fut pas parce qu'elle était pauvre qu'il la méprisa; c'est parce qu'elle n'était rien pour lui, parce qu'il ne daignait pas la regarder, parce qu'elle eût été la *servante de la maison*, qu'il n'y eût pas fait plus d'attention.

VICTOR.

De qui voulez-vous parler ?

JULIENNE.

Eh bien ! Victor... cette femme qui n'avait ni nom, ni fortune, ni éducation brillante; elle était fière... Elle combattit cet amour; elle parvint à le vaincre. . elle n'y pense plus, elle est calme, heureuse... et personne ne sait, personne ne saura jamais ce qu'elle a souffert.

VICTOR.

Ah ! c'est d'un noble cœur !

JULIENNE.

Eh bien, Victor, un homme comme vous ne peut-il pas faire ce qu'a fait une pauvre fille comme moi ?

VICTOR.

C'était vous, Julienne, vous ! et quel était celui qui a pu vous méconnaître à ce point?

JULIENNE.

Je ne vous demande pas quelle est celle que vous aimez!

VICTOR.

Oh! si vous la connaissiez, ma cousine, c'est l'ame la plus pure, l'esprit le plus fin, la beauté la plus gracieuse.

JULIENNE, *à part.*

Ah! que j'ai été folle d'espérer !...

VICTOR.

Sa vue me trouble, son regard me fait trembler, et quand j'entends sa parole, je voudrais me mettre à genoux devant elle pour l'écouter parler...

JULIENNE, *à part.*

Oh! comme il l'aime!

VICTOR.

Qu'avez-vous? vous pleurez!

JULIENNE.

Non, non, continuez... vous me faites du bien. (*A part.*) Il me donne du courage.

VICTOR.

C'est mal! ce que je vous dis là!... je vous parle de mon amour quand vous êtes cent fois plus à plaindre que moi.

JULIENNE.

Non, Victor, car je suis guérie maintenant, tout-à-fait guérie... et Auguste ne me trouvera plus une ingrate.

VICTOR.

Aimez-le, Julienne; c'est un noble cœur sous une apparence grossière... c'est un caractère sûr sous un air frivole... il est bon ! aimez-le !

JULIENNE.

J'essaierai... de votre côté, essayez de nous aimer un peu... vous verrez que *ça console* ..

VICTOR.

Adieu, Julienne, adieu !...

JULIENNE.

Victor, vous partez donc?...

VICTOR.

Oui... j'ai affaire à près de trois lieues d'ici... J'arriverai trop tard ce soir : mais il me faudrait y retourner demain, et je passerai la nuit dans une auberge...

JULIENNE, *le retenant.*

Victor...

VICTOR.

Eh bien!

JULIENNE, *avec hésitation.*

Si vous vouliez, puisque vous partez...

VICTOR.

Quoi!...

JULIENNE.

C'est mon oncle qui m'a chargé de vous dire que...

VICTOR.

Qu'est-ce donc?

JULIENNE.

Si vous aviez besoin d'argent ..

VICTOR, *vivement.*

Merci, Julienne... non... non... je...

JULIENNE.

Mais, mon cousin...

VICTOR, *avec désespoir.*

Ah ! tenez Julienne, vous êtes bonne, je ne vous en veux pas... Mais en être réduit là. . Oh ! je vous jure que je ne vivrai pas long-temps ainsi.

Il sort vivement et laisse la porte ouverte.

SCENE IX.

JULIENNE, *seule.*

Pauvre Victor... Il aime une autre femme, c'est pour elle, sans doute, qu'il sort ainsi tous les soirs, qu'il nous quitte tous les dimanches? Elle est bien heureuse celle-là! Allons, allons, est-ce que ce n'est pas fini? est-ce qu'il peut jamais *m'aimer?*... Ah! je sais mieux qu'un autre que c'est difficile d'oublier; et pourtant il a raison, Auguste est un brave et digne garçon, et je dois l'aimer... je l'aimerai...

Roussillon entre et se cache pendant ce monologue.

SCENE X.

JULIENNE, LOMBARD; *puis* AUGUSTE.

LOMBARD, *entrant vivement.*

Qu'es-ce que c'est que ça? la porte ouverte... à cette heure!... A-t-on envie de me faire voler, quand le pays est plein de vagabonds!

JULIENNE.

Mais, mon oncle...

LOMBARD.

Où est Jacques?

JULIENNE.

Il visite les ateliers.

LOMBARD.

Et Auguste! (*On frappe.*) Qui est là?

AUGUSTE, *en dehors.*

Ouvre donc, vieux serin!

LOMBARD.

Qu'est-ce que c'est?

JULIENNE.

Il croit parler à Jacques.

LOMBARD.

Et quand il parlerait à Jacques... depuis quand ce freluquet se croit-il le droit de se moquer d'un brave homme?

AUGUSTE, *frappant.*

Ouvriras-tu, Jacquot?

LOMBARD, *ouvrant et le prenant à l'oreille.*

As-tu déjeuné, mon gars?

AUGUSTE.

Mon père...

LOMBARD.

Continue donc ton ramage...

AUGUSTE.

C'est que je ne savais pas... d'ordinaire vous ne rentrez que pour l'heure du souper.

LOMBARD.

Je ne souperai pas...

JULIENNE.

Vous avez de l'humeur, mon oncle.

LOMBARD.

Oui, j'en ai... quand je vois que personne ici ne fait son devoir..

JACQUES, *sortant des ateliers une lanterne à la main.*

Mais, monsieur... c'est monsieur Victor.

JULIENNE.

Tais-toi!

LOMBARD.

Savez-vous ce que je viens d'apprendre? C'est que, la nuit dernière, un vol considérable a eu lieu au château de Gèvres.

AUGUSTE.

Là où je vais demain matin.

LOMBARD.

Précisément... Allons! Jacques, puisque tout le monde est rentré, ferme la porte...(*A Auguste.*) Et toi, appelle Victor, puisqu'il veut bien souper avec nous...

AUGUSTE.

Victor! mais...

JULIENNE.

Il est malade, mon oncle, et m'a dit qu'il ne souperait pas...

LOMBARD.

Malade!... il ment!... il ne l'est pas pour sortir tous les soirs... c'est que notre compagnie lui déplait... eh bien! qu'il la quitte tout-à-fait! qu'il s'en aille... je vais...

JULIENNE.

Mon oncle...

LOMBARD, *à part.*

Oh! non, ce n'est pas la mon fils!.. (*De la porte de la maison à Auguste.*) Eh bien! viens-tu, toi? est-ce que tu restes là pour étudier l'astronomie?

AUGUSTE, *à part, en sortant.*

Je vous suis, mon père... Roussillon s'est ennuyé de m'attendre... demain je lui donnerai ses soixante francs.

ROUSSILLON, *paraissant.*

Demain, mon gars, je n'en aurai plus besoin, de tes soixante francs.

ACTE DEUXIÈME.

Un salon dans le château de Mme de Gèvres.

SCENE PREMIERE.

Mme DE GÈVRES, EUGÉNIE.

Mme de Gèvres est assise sur un canapé, à gauche; Eugénie près d'une table. L'une et l'autre travaillent.

Mme DE GÈVRES.

Eh bien! ma chère Eugénie, nous allons mener une vie moins solitaire que de coutume... hier ton oncle, M. de Monnerais, est arrivé avec son fils Jules qui a l'air d'un jeune homme accompli; j'ai été très-contente de lui.

EUGÉNIE, *se levant.*

En ce cas, ma mère, je vous crois tout-à-fait de son avis.

Mme DE GÈVRES.

De l'avis de qui?

EUGÉNIE.

Mais de l'avis de M. Jules qui me paraît parfaitement content de lui-même.

Mme DE GÈVRES.

Tu te trompes: Jules a été élevé à Paris; il a plus que les jeunes gens de ce pays l'habitude du monde, il y porte plus d'aisance.

EUGÉNIE.

Il est vrai qu'il s'y met très-aisément à son aise.

Mme DE GÈVRES.

Eugénie...

EUGÉNIE, *se levant.*

Ma mère!

Mme DE GÈVRES.

Tu es bien sévère pour ce jeune homme.

EUGÉNIE.

Et vous, n'êtes-vous pas bien indulgente pour lui?...

Mme DE GÈVRES.

Est-ce donc parce qu'il doit être ton mari, que tu le vois avec une prévention fâcheuse?

EUGÉNIE.

N'est-ce pas pour cela, ma mère, que vous le voyez d'un œil si favorable?

Elle s'assied près de sa grand'mère.

Mme DE GÈVRES.

Eugénie, ton tuteur, M. de Monnerais, avait raison quand il me disait que je t'élevais mal, que tu étais une enfant gâtée, et que tu deviendrais une jeune fille très-capricieuse et très-volontaire... il m'a souvent grondée à ce sujet.

EUGÉNIE.

C'est le rôle des tuteurs de gronder toujours.

Mme DE GÈVRES.

Et c'est le rôle des grand'mères de gâter leurs petites-filles, n'est-ce pas, mademoiselle?

EUGÉNIE.

Certainement, et c'est le rôle des petites-filles de bien aimer leur bonne grand'mère, de la soigner, d'être toujours près d'elle et de ne pas se marier pour ne la quitter jamais.

Elle l'embrasse.

Mme DE GÈVRES.

Chère enfant!... Et pourtant je ne suis pas contente de toi...

EUGÉNIE.

Parce que je vous dis que je ne veux pas me marier?

Mme DE GÈVRES.

Précisément pour cela.

EUGÉNIE.

Oh! j'ai horreur du mariage.

Mme DE GÈVRES.

Eugénie...

EUGÉNIE.

Je vous jure que c'est la vérité.

Mme DE GÈVRES.

Je t'affirme que c'est un mensonge.

EUGÉNIE.

Ah! maman...

Mme DE GÈVRES.

Oui, Eugénie, ou tout au moins la moitié d'un mensonge.

EUGÉNIE.

Comment ça?

Mme DE GÈVRES.

Tu ne veux pas te marier avec M. Jules de Monnerais, je le crois.. mais s'il s'agissait d'un autre prétendu, le mariage ne t'inspirerait peut-être pas tant d'horreur!

EUGÉNIE.

Je ne vous comprends pas, maman.

Mme DE GÈVRES.

S'il s'agissait, par exemple, de M. Victor?

EUGÉNIE, *baisse les yeux, se détourne, et va pour se lever.*

Ah! maman...

Mme DE GÈVRES, *la retenant.*

Eh bien! Eugénie...

EUGÉNIE.

M. Victor?

Mme DE GÈVRES.

Oui, tu m'en parles souvent.

EUGÉNIE, *se levant tout-à-fait.*

Dame, je ne peux pas oublier avec quel courage il se précipita à la tête de nos chevaux au risque d'être écrasé, et lorsque nous allions périr toutes deux, et si je vous parle souvent de lui, c'est qu'il nous sauva, et que je lui suis reconnaissante pour vous... et pour moi aussi.

Mme DE GÈVRES.

Est-ce tout? et depuis qu'il vient au château, n'as-tu pas pensé à lui plus que tu n'aurais dû? la reconnaissance mène vite à l'amour...

EUGÉNIE.

Ah! ça ne va pas si loin... il me plaît, je lui trouve de l'esprit, un air distingué, et quoique je sois bien folle, son caractère sérieux ne me fait pas peur; sa mélancolie m'intéresse... il cause si bien et avec tant de cœur, que je l'écoute avec plaisir... mais de là a aimer quelqu'un, il y a bien de la différence.

Mme DE GÈVRES, *à part.*

La naïveté de cet aveu me rassure, mais lui, il l'aime peut-être... c'est ce dont je m'assurerai.

Elle se lève.

EUGÉNIE.

Ainsi donc, maman, il est bien convenu que je n'aime pas M. Victor.

Mme DE GÈVRES.

Sans doute, car tu es trop raisonnable pour penser à un jeune homme dont nous savons à peine le nom.

EUGÉNIE.

Certainement, et il est bien convenu aussi que je n'épouserai pas M. Jules.

Mme DE GÈVRES.

Ce qui est convenu, Eugénie, c'est que tu obéiras à ta grand'mère et à ton tuteur... nous voulons tous deux ce mariage... tu sais qu'il est arrêté depuis long-temps?

EUGÉNIE, *plus sérieuse.*

Mais je ne suis pas une enfant pour obéir ainsi à tout ce qu'on veut... sans qu'on me consulte.

Mme DE GÈVRES.

Sans doute, Eugénie, et c'est pour cela que je te dois les raisons qui m'ont déterminée à conclure cette union sur-le-champ.

EUGÉNIE.

Oh! maman, je ne les trouverai pas bonnes, vos raisons

Mme DE GÈVRES.

C'est ce dont tu pourras juger quand tu les auras entendues... tu sais, Eugénie, que, tres-jeune encore, je demeurai veuve avec deux enfans, Lucien de Gèvres, mon fils aîné, et ta mere, ma chère Adelaide. D'après les lois de l'ancien régime, mon fils, en sa qualité d'aîné, avait hérité de toute la fortune de notre famille, et par conséquent, ta mère n'avait aucune chance de se marier, lorsque le comte de Monnerais me demanda sa main que je lui accordai.

EUGÉNIE.

Et vous fites bien; il ne cherchait pas la fortune, mon père, il n'était pas comme d'autres que je connais.

Mme DE GÈVRES.

De son côté, mon fils Lucien s'était marié, et sa femme allait bientôt lui donner un héritier, lorsque la révolution éclata. Lucien était attaché a la maison du comte de Provence, et quand le prince eut quitté la France, il le suivit et me confia sa femme Laura. Lucien, mon fils, était a peine depuis deux mois à l'étranger, lorsque nous apprimes qu'il avait été grièvement blessé... Sa femme, ma bru, malgré l'état assez avancé de sa grossesse, voulut absolument aller le rejoindre. M. de Monnerais, ton oncle et maintenant ton tuteur, s'offrit à l'accompagner... et tu n'as pas oublié sans doute le récit qu'il nous a fait de cette scène de carnage, où, malgré son état, l'infortunée Laura fut cruellement massacrée sous ses yeux.

EUGÉNIE.

Oh! oui, je me le rappelle... noble cœur! devait-elle trouver la mort pour récompense de son dévouement?

Mme DE GÈVRES.

Mon fils mourut de ses blessures. Je restai donc seule avec ma pauvre Adélaide, ta bonne et sainte mère, qui te donna le jour quatre ans après cette funeste catastrophe. . et c'est ici que je te prie de bien suivre ce que je vais te dire.

EUGÉNIE.

Oui, maman, oui...

Mme DE GÈVRES.

Ta mère, qui n'avait aucune fortune à prétendre, si son frère eût vécu, ou s'il eût laissé un héritier de son nom, se trouva recueillir toute cette immense fortune, et c'est comme son héritière que tu es aujourd'hui l'un des plus riches partis de la France.

EUGENIE.

Si c'est une raison pour me faire épouser mon cousin, M. de Monnerais, j'aimerais autant n'avoir pas cette grande fortune.

Mme DE GÈVRES.

C'est que cette grande fortune n'est pas a l'abri d'un procès, et si tu n'épouses pas Jules, son père deviendra peut-être ton plus cruel ennemi.

EUGÉNIE, *à part.*

Hélas! je ne le sais que trop. (*Haut.*) Mais vous me restez, et vous pouvez me défendre.

Mme DE GÈVRES.

Hélas! ma pauvre enfant, c'est moi qui te manquerai la première, car je suis bien vieille, bien faible... Aie donc pitié de ta pauvre grand'mère, tu ne la laisseras pas mourir avec le chagrin de t'abandonner en ce monde, sans appui, sans protection.

EUGÉNIE.

Oh! maman, maman, ne parlez pas de ça.

UN DOMESTIQUE.

M. Victor demande a présenter ses respects à madame la comtesse.

EUGÉNIE, *à part.*

Oh! il n'y a plus que lui qui puisse me protéger!

Mme DE GÈVRES, *à part.*

Voici le moment de m'assurer de la vérité... (*Haut.*) Faites entrer.

SCENE II.

LES MÊMES, VICTOR.

VICTOR, *entrant et saluant.*

Madame, mademoiselle...

Mme DE GÈVRES.

Bonjour, monsieur Victor, je suis charmée de vous voir...

VICTOR.

Votre accueil a toujours été si bienveillant, madame, qu'il m'a peut-être rendu indiscret.

Eugénie lui fait un signe d'intelligence.

LE DOMESTIQUE.

Je dois dire aussi a madame la comtesse, que M. de Monnerais desire avoir un entretien avec elle, et lui fait demander si elle peut le recevoir.

VICTOR, *avec un vif étonnement, et regardant Eugénie.*

M. de Monnerais...

EUGÉNIE.

Oui, M. de Monnerais, mon tuteur.

Mme DE GÈVRES, *au Domestique*

Priez-le de m'attendre dans mon appartement, je vais m'y rendre.

VICTOR, *à part et troublé.*

M. de Monnerais ici!

EUGÉNIE, *à part.*

Mais qu'a-t-il donc?

Mme DE GÈVRES, *à part.*

Il paraît troublé. (*Haut.*) Oui, il est arrivé hier soir avec son fils, et vous m'excuserez de vous laisser un moment, nous avons a causer de beaucoup d'affaires... c'est tout naturel, la veille d'un contrat de mariage.

VICTOR, *troublé, et regardant Eugénie.*

D'un contrat de mariage!

Mme DE GÈVRES, *à part.*

Ah! j'avais deviné juste! (*Haut.*) Oui, Eugénie épouse M. Jules de Monnerais.

VICTOR.

Ah! j'ignorais...

Mme DE GÈVRES.

C'est une union arrêtée depuis long-temps.

VICTOR.

Depuis long-temps...

Mme DE GÈVRES.

Mais aujourd'hui, je puis l'annoncer à nos amis, car dans quelques jours j'espère que ce mariage sera accompli.

VICTOR.

Je félicite mademoiselle.

Mme DE GÈVRES.

Je vous crois... tout-à-l'heure, j'aurai à vous parler, monsieur Victor. (*A part.*) Il est temps de prendre un parti décisif.

SCENE III.

VICTOR, EUGENIE.

VICTOR, *à part, pendant qu'Eugénie reconduit Mme de Gevres.*

M. de Monnerais, cet homme si fier de son nom, si vain de sa naissance, il voudra savoir qui je suis, et s'il le découvre, on me chassera peut-être .. Chassé! oh! non, non... il vaut mieux partir.

Il va pour sortir

EUGÉNIE.

Eh! mais où allez-vous donc?

VICTOR.

Oh! laissez-moi quitter ce château!

EUGÉNIE.

Et pourquoi donc?

VICTOR.

C'est que je suis bien malheureux!

EUGÉNIE.

Malheureux!... Et voilà tout ce que vous trouvez pour venir à mon secours?

VICTOR.

A votre secours!... et que puis-je faire? et en quoi puis-je vous secourir, moi?

EUGÉNIE.

Il est certain que cela vous est très-indifférent, ce n'est pas la peine de chercher un moyen...

VICTOR.

Moi, indifférent?... Ah! pouvez-vous le penser?

EUGÉNIE.

Je puis penser... Et je pense que vous venez d'apprendre que je suis menacée d'épouser M. de Monnerais, et qu'au lieu de me consoler, vous me répondez d'un air désolé... Hélas! mon Dieu, qu'y puis-je faire?... je suis bien malheureux!...

VICTOR.

Ce mariage vous le refusez donc?

EUGÉNIE.

Il me semble que je n'ai pas l'air d'en être ravie. Mais, si l'on me laisse toute seule, il faudra bien que j'y consente.

VICTOR.

Mme de Gèvres n'est-elle pas là pour vous protéger?

EUGÉNIE.

Ma grand'mère!... elle a trop peur de M. de Monnerais.

VICTOR.

Peur de M. de Monnerais!... c'est donc un homme bien redoutable?...

EUGÉNIE.

Il le faut bien, car vous-même... je vous vois tout déconcerté depuis qu'il est arrivé au château...

VICTOR.

Ah! moi, c'est que. . c'est que...

EUGÉNIE.

C'est que vous avez peur de lui aussi, voilà tout.

VICTOR.

Ah! que quelque danger vous menace... et que le secours d'un ami prêt à donner sa vie... puisse vous être utile... et vous verrez si j'ai peur.

EUGÉNIE.

Venez donc à mon aide, Victor... car j'essaie de rire, et je tremble. c'est que vous ne savez pas combien ma position est affreuse.

VICTOR.

Votre position!...

EUGÉNIE.

Ce mariage qu'on me propose n'est pas même une union de convenance : c'est une obligation terrible!

VICTOR.

Que voulez-vous dire?

EUGÉNIE.

Ma grand'mère elle même est loin de savoir tout ce qu'il y a d'odieux dans la conduite de M. de Monnerais... Elle n'a jamais été témoin des scènes affreuses qui avaient lieu jadis entre mon père et mon oncle... que de fois j'ai entendu celui-ci dire à mon père qui était cependant son frère aîné!... « Cette fortune que vous avez, vous me la devez, vous la partagerez avec moi... ou bien... »

VICTOR.

Votre père lui devait sa fortune... Comment cela se fait-il?

EUGÉNIE.

Hélas! voilà ce que je n'ai pu découvrir... mais il fallait que ce fût un terrible secret... car, sans cela, mon père n'eût jamais enduré les odieuses menaces de son frère... Ce fut ce chagrin qui conduisit mon pauvre père au tombeau, et ce fut sur son lit de mort que, pour calmer les ressentimens de son frère, il me fit jurer que je deviendrais la femme de M. Jules de Monnerais.

VICTOR.

Mais vous étiez très-jeune, alors... et un pareil serment...

EUGÉNIE.

J'y pourrais manquer, et peut-être perdre aussi ma fortune.

VICTOR.

Grand Dieu!

EUGÉNIE.

Ah! ce n'est pas la pauvreté qui m'épouvante, mais s'il fallait que l'honneur de mon père...

VICTOR.

L'honneur de votre père!

EUGÉNIE.

Que voulez-vous que je vous dise? Je ne sais que croire, que penser; mais ce qui est certain, c'est que, comme mon malheureux père, je serai la victime des projets de mon oncle, si personne ne me soutient contre lui...

VICTOR.

Oh! comptez sur moi! je puis manquer de courage pour mon bonheur, mais j'en aurai pour le vôtre.

EUGÉNIE.

Je vous crois. . Je vois mon oncle... je vais près de ma grand'mère savoir ce qu'il a pu lui dire; car je redoute son influence sur elle. Il est avec son fils, évitez-les, je vous en prie, jusqu'à ce que j'aie parlé à ma mère. Allez au jardin, je vous y retrouverai, ne quittez pas le château sans m'avoir parlé.

Elle sort.

VICTOR.

Je vous le promets.

SCENE IV.

VICTOR, *seul.*

Il y a donc des choses honteuses dans les plus nobles maisons! Il y a donc des enfans abandonnés et persécutés dans les familles les plus riches! O Eugénie, Eugénie, je vous défendrai contre les avides projets de votre tuteur, dût votre haute fortune vous séparer à jamais de moi! Mais que pourrai-je, moi, fils d'un misérable ouvrier, contre un des noms les plus puissans de France?... me laissera-t-on même le droit de revoir Eugénie? Hélas! quand j'ai senti cet amour naître dans mon cœur, j'aurais dû ne plus la revoir. Oh! qu'elle ne sache pas qui je suis, elle repousserait mon appui. Mais quand je l'aurai sauvée encore une fois, peut-être alors comprendra-t-elle que j'ai le droit de l'aimer. Mais voici M. de Monnerais et son fils.

Victor sort en saluant M. de Monnerais.

SCENE V.

JULES, M. DE MONNERAIS.

JULES, *qui a lorgné Victor.*

C'est donc là le sauveur de ces dames... le héros de la calèche, le vainqueur des chevaux emportés... Je croyais qu'il avait reçu son congé.

M. DE MONNERAIS.

Il va l'avoir tout-à-l'heure: je viens de faire comprendre à Mme de Gèvres combien la présence de ce jeune homme était peu convenable dans sa maison; et elle s'est chargée du soin de le lui expliquer à lui-même.

JULES.

J'aurais été charmé d'être chargé de la commission.

M. DE MONNERAIS.

Vous vous en seriez probablement fort mal acquitté.

JULES.

En tout cas, j'y aurais mis moins de ménagemens et de délais.

M. DE MONNERAIS.

Vous oubliez que le héros de la calèche, comme vous l'appelez, a sauvé la vie à Mme de Gèvres et à Eugénie, et qu'elles ont le droit de ne pas trouver cet héroïsme aussi ridicule que vous voulez bien le dire.

JULES.

Ce M. Victor est bien heureux, et voilà que vous allez partager l'enthousiasme qu'il inspire à tout le château!

M. DE MONNERAIS.

Jules...

JULES.

C'est que, depuis mon arrivée, je n'entends parler que de M. Victor, ce beau jeune homme, ce charmant jeune homme, cet excellent jeune homme. C'est un concert d'admiration depuis l'antichambre jusqu'au salon, et je ne serais pas fâché d'y joindre ma voix et de dire ce brave jeune homme.

M. DE MONNERAIS.

Je vous prie de ne pas vous occuper de lui, et je vous prie aussi de vous défaire ici de ce ton de légèreté suffisante qui peut être de très-bon goût dans certains salons de Paris, mais qui, je crois, séduirait peu Mme de Gèvres, et surtout votre cousine Eugénie.

JULES.

Oui, je crois qu'elle se plaît mieux aux airs passionnés de M. Victor.

M. DE MONNERAIS.

Encore!... Jules, vous êtes incorrigible.

JULES.

Si cela vous fâche, je me tairai; mais permettez-moi de vous faire observer que vous êtes aujourd'hui d'une tristesse... d'une humeur!...

M. DE MONNERAIS.

Je vous en ai déjà dit la raison...

JULES.

Quoi!... le vol de quelques misérables bijoux!

M. DE MONNERAIS.

Ce n'est pas seulement ces bijoux... la cassette qui les contenait renfermait aussi des papiers.

JULES.

Des papiers?

M. DE MONNERAIS.

Des papiers auxquels je tenais beaucoup.

JULES.

Mais s'ils étaient si précieux, pourquoi n'avoir pas fait près de l'autorité les démarches nécessaires pour découvrir le coupable?

M. DE MONNERAIS.

Près de l'autorité, dites-vous? (*A part.*) Dieu

fasse que rien ne l'avertisse et qu'on ne cherche pas l'auteur de ce vol : au reste, j'espère qu'il n'aura pas compris l'importance de ces papiers et qu'il les aura détruits.

JULES.

Si vous voulez, je me chargerai des démarches à faire.

M. DE MONNERAIS.

C'est inutile... quelques bijoux sans valeur, quelques papiers sans importance, n'en parlons plus, n'en parlez même à personne... occuponsnous plutôt de votre mariage, et songez qu'il faut qu'il s'accomplisse sur-le-champ ; tâchez que rien ne vienne s'y opposer.

JULES.

Maintenant que je n'ai plus à craindre, grâce à vous, la rivalité de M. Victor, j'ose espérer que ma belle cousine voudra bien me faire l'honneur de m'apercevoir.

M. DE MONNERAIS.

Craignez qu'elle ne vous regarde de trop près... la fatuité n'est pas une séduction en ce pays.

JULES, *à part.*

C'est étonnant comme mon père est devenu de sa province !

SCENE VI.

LE DOMESTIQUE, M. DE MONNERAIS, JULES.

LE DOMESTIQUE.

Monsieur le baron, l'ouvrier menuisier que vous avez fait demander vient d'arriver à l'instant.

M. DE MONNERAIS.

C'est bien, faites-le venir ici.

JULES.

Mais vous voulez donc faire un palais de ce château ? J'ai vu des peintres, des maçons. Quels travaux avez-vous donc à faire exécuter ?

M. DE MONNERAIS.

Mais ceux de l'appartement que vous occuperez au château après votre mariage avec Eugénie..

JULES, *à part.*

Après mon mariage avec Eugénie, je me dispenserai d'y demeurer long-temps.

LE DOMESTIQUE, *à Auguste.*

Voilà M. le baron.

SCENE VII.

JULES, M. DE MONNERAIS, AUGUSTE.

M. DE MONNERAIS, *assis sur le canapé.*

C'est toi, mon garçon, qui viens ici pour voir les travaux qu'il y a à faire.

AUGUSTE, *au fond, à part.*

C'est toi .. c'est toi... il est familier, le monsieur; mais c'est un vieux, ça lui est permis.

JULES, *lorgnant.*

Eh bien ! répondras-tu ?

AUGUSTE, *à part.*

Répondras-tu... Pour celui-là, merci... merci, nous n'avons pas gardé...

M. DE MONNERAIS.

Voyons, qu'est-ce que tu as à nous considérer l'un après l'autre comme un imbécile ? Ce n'est pas pour cela que tu es venu ici... ce me semble?

AUGUSTE, *à part.*

Imbécile... attends. . attends, je m'en vas te faire aussi mon prince...(*D'un ton prétentieux, haut et vite.*) Vous avez raison, monsieur le baron, je suis venu ici pour des travaux que mon père m'a dit très-pressés, et comme je suppose que vous n'avez pas plus de temps à perdre que moi, je vous serais fort obligé de vouloir bien me montrer le endroit où je dois lever mes plans et prendre mes mesures.

M. DE MONNERAIS.

Ah ! tu es le fils de M. Lombard ; il me semble qu'il eût pu venir lui-même.,.

AUGUSTE, *du même ton pincé.*

Les occupations nombreuses de mon père et l'importance de ses immenses travaux ne lui permettent pas de tout voir par lui-même, monsieur le baron ; mais s'il m'a envoyé près de vous, c'est qu'il m'a jugé capable de le remplacer convenablement.

JULES.

Je crois que tu fais de grandes phrases ?

AUGUSTE, *de même.*

J'essaie de les rendre polies, voilà tout, monsieur.

M. DE MONNERAIS.

C'est bien, vous allez me suivre, mon ami.

AUGUSTE, *à part.*

Celui-là a compris.

M. DE MONNERAIS.

Songez qu'il faut que ces travaux soient exécutés avant huit jours.

AUGUSTE, *avec prétention.*

Si c'est possible... vous pouvez regarder cela comme fait, monsieur le baron.

JULES.

Et si ce n'est pas possible, monsieur le menuisier ?

AUGUSTE, *de même.*

Je vous répondrai comme M. de Maurepas à la reine Marie-Antoinette : Si c'est impossible, ça se fera.

JULES.

Diable... c'est beaucoup de prétention.

AUGUSTE.

C'est le secret du métier, monsieur !... Vous ne savez pas encore tout ce qu'on peut faire avec du courage et de la bonne volonté. (*A part en s'en allant.*) Et si jamais je puis te travailler les côtes, à toi, je te montrerai comment on expédie la camelotte.

Il sort avec M. de Monnerais.

JULES.

En vérité, ça parle comme si ça pensait... Je ne

sais.. mais les gens de ce pays ont le don particulier de me déplaire (*Victor paraît.*) Pardieu, en voici un à qui je ne serais pas fâché de l'apprendre!

LE DOMESTIQUE, *à Victor.*

Oui, monsieur, Mme la comtesse désire vous parler un instant et vous prie de l'attendre dans ce salon.

Il sort.

VICTOR, *à part, vivement.*

Eugénie n'est pas venue au jardin, Mme de Gèvres me fait demander, que vais-je apprendre!

JULES, *le lorgnant.*

C'est sans doute pour son audience de congé...

VICTOR.

Je suis d'une inquiétude.

Il va et vient.

JULES, *à part.*

Il paraît qu'il se doute de quelque chose...

VICTOR.

Si je pouvais du moins voir Eugénie...

JULES.

En vérité, il y a charité à le tirer tout de suite d'embarras. (*Il s'approche.*) Monsieur attend Mme de Gèvres?

VICTOR.

Oui, monsieur...

JULES.

Si monsieur veut bien me le permettre, je lui tiendrai compagnie jusqu'à son arrivée..

VICTOR.

Vous êtes trop bon, monsieur, je ne veux pas vous déranger...

JULES, *d'un ton impertinent.*

Cela m'arrange, au contraire, infiniment, monsieur.

VICTOR, *le regardant en face.*

Ah!.. (*A part.*) Ce ton, ces manières... c'est une querelle, eh bien, soit... (*Haut.*) Ah! cela vous arrange?...

JULES.

Oui, monsieur, et peut-être trouverez-vous que je ne suis pas trop indiscret, quand vous saurez que je puis vous épargner l'ennui d'attendre trop long-temps.

VICTOR.

J'ai de la patience, monsieur.

JULES.

C'est une vertu inutile entre nous: car j'ai peu de chose à vous dire.

VICTOR.

Dépêchez-vous donc, car lorsqu'on a commencé, on a plus vite fini...

JULES.

Ceci est fort bien dit, monsieur, et c'est pour cela que j'espère que, lorsque vous aurez commencé à sentir que votre présence est inutile dans ce château, vous aurez vite fini de le quitter.

VICTOR, *se coiffant.*

De le quitter?

JULES.

Oui, monsieur.

VICTOR.

Et quelle est la volonté qui me le fera quitter?

JULES.

Je ne suis encore que l'interprète de celle de Mme de Gèvres... mais au besoin...

VICTOR.

Eh bien! monsieur, puisque vous connaissez si bien la volonté de Mme de Gevres, pourriez-vous m'en dire les motifs?

JULES.

Vous ne les devinez pas?...

VICTOR.

Non, monsieur: car comme elle n'en avait aucun hier, elle ne peut aujourd'hui en avoir d'autres que ceux qui lui ont été suggérés par certaines gens.

JULES.

Que vous voudriez connaître?...

VICTOR.

Oui, monsieur, afin d'être sûr que ce n'est pas seulement l'insolence d'un fat...

JULES

D'un fat!..

VICTOR.

Mais encore la lâcheté d'un dénonciateur que j'ai a punir.

JULES.

Soit, monsieur, l'un ou l'autre est à vos ordres.

VICTOR.

Et l'un ou l'autre a besoin d'une leçon et je vais vous la donner.

JULES.

Ou la recevoir...

SCENE VIII.

JULES, Mme DE GÈVRES, EUGÉNIE, VICTOR.

Mme DE GÈVRES.

Qu'y a-t-il donc, messieurs?.. Vous semblez bien animés l'un contre l'autre.

JULES.

Ce n'est rien, madame: c'est monsieur qui se trouve insulté de ce que j'ai bien voulu lui dire le motif de l'entretien que vous lui aviez accordé.

Mme DE GÈVRES.

Mais je ne vous avais pas chargé de parler pour moi, monsieur.

JULES.

Je me retire... Désolé d'avoir mal interprété vos intentions... J'attendrai monsieur quand il sera libre...

VICTOR.

Vous n'attendrez pas long-temps.

EUGÉNIE.

Vous l'entendez, ma mère, ils se sont querellés; ils sortaient pour se battre, j'en suis sûre.

JULES.

Et vous tremblez sans doute pour moi, vous qui connaissez le courage de M. Victor?

Mme DE GÈVRES.

Monsieur, je dois la vie à ce courage, et je vous

déclare que j'estime fort peu celui dont vous faites parade.

Ici M. de Monnerais paraît et Jules va à lui et lui parle bas.

VICTOR.

Je vous remercie, madame; mais je dois croire que si monsieur a fait ce qu'il n'était pas autorisé faire, il a dit du moins la vérité en annonçant que je ne devais plus paraître dans ce château; et comme cette vérité me serait encore plus cruelle de votre bouche que de la sienne, permettez-moi de m'éloigner sans être forcé de l'entendre.

EUGÉNIE.

Non, restez. (*A Mme de Gèvres.*) Oh! maman, maman...

M. DE MONNERAIS, *au fond, à son fils.*

Il est temps d'en finir avec ce petit monsieur, laissez-moi faire.

Mme DE GÈVRES.

Non, monsieur Victor... non, je ne veux pas que nous nous quittions ainsi... je voulais avoir un entretien avec vous, et je le veux encore.

VICTOR, *apercevant M. de Monnerais qui s'approche..*

Je vois d'où le coup est parti, madame; et toute explication serait inutile, en ce lieu du moins.

M. DE MONNERAIS.

Vous vous trompez, monsieur, car d'après ce que vient de me dire mon fils (*a Mme de Gèvres*) dont je vous prie de vouloir bien excuser la conduite, madame, (*a Victor.*) vous paraissiez craindre qu'il y eût eu de notre part une dénonciation portée contre vous?

VICTOR.

Pour que je puisse craindre une dénonciation, monsieur, il faudrait que j'eusse quelque faute à me reprocher, je me suis seulement étonné que la bienveillance que madame la comtesse avait daigné me témoigner jusqu'à ce jour eût cessé depuis que vous êtes arrivés dans ce château.

Mme DE GÈVRES.

La reconnaissance que je dois à M. Victor sera éternelle; mais il est des circonstances, des motifs...

M. DE MONNERAIS.

Sur lesquels j'ai appelé l'attention de madame de Gèvres, je dois vous le dire, et je vous crois trop d'honneur et trop de bon sens, monsieur, pour ne pas trouver qu'à ma place vous en eussiez fait autant.

VICTOR.

C'est ce dont je doute.

M. DE MONNERAIS.

Cependant, monsieur, supposez que vous fussiez le tuteur ou le frère de Mlle Eugénie, et par conséquent chargé de la protéger, supposez qu'après une longue absence, vous trouviez dans la maison de sa mère un jeune homme dont l'air distingué semble dire le rang, votre premier soin serait de savoir quel est ce nouvel ami et comment on l'a connu.

VICTOR.

Vous le savez, je suppose, monsieur?

M. DE MONNERAIS.

Sans doute, monsieur; et jusque là tout est bien. Mais si vous étiez ce tuteur ou ce frère, vous désireriez savoir le nom de ce libérateur courageux.

VICTOR.

Mon nom?

M. DE MONNERAIS.

On me l'a dit. Vous vous nommez monsieur Victor; mais permettez-moi de vous faire observer que Victor est un nom qui ne dit pas la famille à laquelle appartient celui qui le porte.

VICTOR.

Monsieur...

M. DE MONNERAIS.

Soit que cette famille manque...

VICTOR.

Monsieur!...

M. DE MONNERAIS.

Soit que son nom ne puisse pas être avoué sans honte...

VICTOR, *vivement.*

N'allez pas plus loin, monsieur; malgré le respect que je dois à Mme de Gèvres, je ne supporterais pas un mot de plus à ce sujet.

M. DE MONNERAIS.

Comme il vous plaira, monsieur; mais si vous trouvez que ma prudence est injurieuse, et que nos soupçons ont été offensans pour votre famille, il ne tient qu'à vous de me prouver que j'avais tort en vous nommant.

EUGÉNIE.

Oui, parlez! parlez! monsieur Victor, car j'en suis sûre, vous ne pouvez appartenir qu'à une noble famille.

VICTOR, *à part.*

A une noble famille!

EUGÉNIE.

Vous vous taisez?

VICTOR, *à part.*

Oh! non! non!... avouer que je suis.. rougir devant elle.. jamais, jamais.

Mme DE GÈVRES, *allant à lui*

Eh bien, monsieur Victor?

VICTOR.

Madame, excusez-moi... je ne puis

EUGÉNIE, *à part.*

O mon Dieu!... me serais-je trompée?

Mme DE GÈVRES.

Monsieur Victor, je vous en prie...

M. DE MONNERAIS.

Il ne parlera pas, j'en étais sûr.

VICTOR.

Madame, vous m'avez permis de garder le silence jusqu'à ce jour; permettez-moi de le garder encore en quittant votre maison. Il vous importe peu de savoir le nom de celui qui fut assez heureux pour vous sauver. Le premier passant l'eût fait à ma place. Supposez que vous ne m'avez jamais reçu, et permettez-moi de vous faire des adieux éternels.

EUGÉNIE.

Mais c'est impossible! et moi!... moi!

Mme DE GÈVRES, *la retenant.*

Eugénie !...

EUGÉNIE.

Ah!... maman... maman...

M. DE MONNERAIS.

Il était temps.

VICTOR, *à part.*

Et n'être rien qu'un misérable ouvrier!.. (*Haut.*) Adieu, madame, adieu !

Il va pour sortir.

SCENE IX.

LES MÊMES, AUGUSTE.

AUGUSTE, *entrant.*

C'est vérifié et toisé! Monsieur, une semaine et tout sera fait... Pardon, mesdames!

VICTOR.

Auguste!

AUGUSTE.

Tiens! te voilà, toi !

Mme DE GÈVRES *et* EUGÉNIE.

Toi! a-t-il dit!

VICTOR. *à part.*

Ah! que faire?

M. DE MONNERAIS, *à Auguste.*

Ah! vous connaissez monsieur?

AUGUSTE.

Tiens! si je connais mon frère!

TOUS.

Son frère!

JULES.

Le fils de Matthieu Lombard, menuisier...

M. DE MONNERAIS, *à Mme de Gèvres.*

Qu'en dites-vous, madame?

AUGUSTE, *les regardant avec étonnement.*

Eh bien! qu'est ce qu'ils ont donc tous? (*Pendant ce temps M. de Monnerais cause bas avec Mme de Gèvres, Eugénie pleure, Jules ricane, Victor se détourne.*) Et lui aussi... Ah! je comprends! l'amour malheureux dont me parlait Julienne... la demoiselle qui pleure, les grands parens qui sont furieux. (*Bas à Victor.*) J'ai fait une bêtise, n'est-ce pas?

VICTOR.

Ah! tu m'as perdu!

AUGUSTE.

Faut voir! faut voir!

JULES, *à Auguste, insolemment.*

Ah! M. Victor est le frère de M. Auguste Lombard, le menuisier!

AUGUSTE.

Oui, monsieur... frere de nom et de cœur, c'est vrai! mais il y a de la différence entre nous... Je suis tout juste un bon ouvrier, voilà tout! mais Victor, c'est un homme distingué et comme il faut, lui!

VICTOR.

Auguste!

AUGUSTE.

Laisse-donc tranquille, ce qui est vrai est vrai! Moi, j'ai été toute ma vie un paresseux et un ignorant... Mais lui, il était le roi du lycée et le plus instruit de tous ses camarades, nobles ou bourgeois.

VICTOR.

Assez, Auguste, assez.

AUGUSTE.

Et pourquoi ne veux-tu pas que je parle? Je ne dis rien de mal quand je dis que je suis tout au plus bon à mener un atelier et à épouser une ouvrière... Mais lui, voyez-vous, il deviendra tout ce qu'il voudra, avocat, député, général, et il fera honneur à toute famille dont il épousera la fille, si huppée qu'elle soit, entendez-vous? (*Bas à Victor.*) J'arrange ton affaire.

EUGÉNIE, *à part.*

Bon jeune homme! comme il aime son frère!

JULES.

Mais vous feriez déjà un excellent avocat, monsieur le menuisier!

VICTOR, *avec colère, à Jules.*

Monsieur, avant de dire un mot d'insulte à mon frère, n'oubliez pas que vous avez à me donner raison de ceux que vous m'avez adressés.

JULES.

Vous? Allons donc, monsieur... je ne me bats pas à l'équerre ou au compas.

VICTOR.

Misérable!

M. DE MONNERAIS, *vivement.*

Qu'est-ce à dire? Oubliez-vous, monsieur, comment on peut traiter un homme de votre sorte qui s'est introduit dans une noble maison! Tâchez donc de m'éviter la peine de vous faire chasser par un valet.

VICTOR *et* AUGUSTE.

Nous chasser!

EUGÉNIE.

Ah! maman! maman!

SCENE XI.

LES MÊMES, JULIENNE.

JULIENNE, *en dehors.*

Il faut que je le voie... il faut que je lui parle sur-le-champ.

LE DOMESTIQUE, *à Mme de Gèvres.*

C'est une jeune fille qui veut absolument parler à M. Auguste Lombard.

JULIENNE.

Laissez-moi entrer.

AUGUSTE.

C'est Julienne, ma cousine.

JULES.

C'est une assemblé de famille!

JULIENNE.

Ah! pardon, messieurs, madame... Auguste, viens, viens, si tu savais quel malheur...

VICTOR *et* AUGUSTE.

Un malheur!

JULIENNE, *s'arrêtant.*

Victor ici!

AUGUSTE.

Eh bien, oui, Victor... Après?

JULIENNE, *regardant autour d'elle.*

Dans cette maison!

AUGUSTE.

Oui, je te dirai pourquoi.

JULIENNE, *regardant encore et voyant Eugénie.*

Pourquoi!... Ah! cette la la jeune fille si belle!

EUGÉNIE.

Comme elle me regarde!

AUGUSTE.

Eh bien, voyons! Qu'est-ce qu'il est donc arrivé?

JULIENNE.

Eh bien! il est arrivé que mon oncle Lombard... (*En regardant Eugénie.*) C'est elle sans doute!...

VICTOR.

Eh bien, mon père!

JULIENNE.

Votre père, monsieur Victor, est perdu, ruiné... Tout l'argent qu'il avait rapporté hier lui a été volé.

AUGUSTE *et* VICTOR.

Volé!

AUGUSTE.

Et qui soupçonne-t-il ?

JULIENNE.

Personne encore! Mais il se désole, et je venais, je suis venue... (*Elle regarde Eugénie.*) Mais il vous attend!... Allons-nous-en!

AUGUSTE.

Oui, courons, courons!

VICTOR, *à Mme de Gèvres.*

Adieu, madame... oubliez l'insensé qu'avait égaré le charme d'un monde pour lequel il n'était pas né... pardonnez-lui, car il n'oubliera pas qu'il lui est interdit de jamais vous revoir.

AUGUSTE.

Allons! Victor!

JULIENNE.

Elle! même avant son père!

Mme DE GÈVRES.

Ce n'est pas ainsi que je le veux! Retournez près de votre père, et si le malheur qui le frappe devait porter atteinte à sa fortune et à la vôtre, souvenez-vous qu'il y a ici quelqu'un qui a une dette sacrée à acquitter envers vous, et s'il le faut, j'irai vous le rappeler.

AUGUSTE.

Merci, madame... Il vous a rendu quelques services, j'en suis sûr... ça ne m'étonne pas de lui, allez! Mais soyez tranquille, je retrouverai notre voleur d'ici à demain, j'ai idée que celui qui m'a vendu les bijoux de la fête ne les possédait pas légitimement; car il n'est pas venu chercher le prix ce matin.

M. DE MONNERAIS.

Des bijoux, dites-vous?

AUGUSTE.

Rien, rien... c'est une affaire qui ne concerne que moi. Allons! allons! partons ..

M. DE MONNERAIS, *à part.*

Mais dans laquelle il faut que je voie clair, moi aussi!

ACTE TROISIÈME.

Le théâtre représente une chambre de la maison de Lombard; chaises, table, secrétaire; porte au fond et à gauche.

SCENE PREMIERE.

JACQUES, MATHIEU LOMBARD.

LOMBARD.

Eh bien, Jacques, as-tu vu le procureur du roi?

JACQUES.

Oui, monsieur Lombard, je lui ai donné le signalement de notre homme, et il recevra votre déclaration aujourd'hui même.

LOMBARD.

Ruiné, perdu.. Oh! la justice des hommes n'est pas assez sévère contre ceux qui volent le pauvre, car ce n'est pas seulement son argent qu'on lui dérobe, c'est son nom, sa réputation, son honneur, la vie et l'avenir de ses enfans... ce n'est pas un vol, Jacques, c'est un assassinat!

JACQUES.

Oh! monsieur, calmez-vous, vous retrouverez votre argent, car le voleur ne peut manquer d'être arrêté.

LOMBARD.

Et si on ne l'arrête pas: s'il a des complices à qui il a déjà confié le fruit de ce vol, je serai ruiné, déshonoré, déclaré banqueroutier... et plutôt que de subir cette infamie, je me tuerai, vois-tu?

JACQUES.

Monsieur, monsieur ..

LOMBARD, *reprenant.*

Je me tuerai... et pourtant, cet homme ne sera condamné que comme voleur!

JACQUES.

Mais à supposer, monsieur, que vous ne deviez pas retrouver votre argent, est-ce une raison pour vous désespérer ainsi?... Si vous ne pouvez payer demain, personne n'osera se montrer exigeant en face d'un tel malheur; on vous sait honnête homme, on vous accordera du temps... A force de travail tout se réparera, vos ouvriers vous aiment, et vos fils...

LOMBARD, *l'interrompant.*

Oh! mes fils...

JACQUES.

Ne sont-ce pas des braves jeunes gens?

LOMBARD.

Oui, Auguste est un bon et digne garçon.

JACQUES.

Et M. Victor?

LOMBARD.

Ah! celui-là... celui-là, comme il m'a trompé! J'étais si fier de lui quand je voyais les progrès qu'il faisait dans ses études, je le préférais à Auguste, je le lui donnais toujours pour exemple; mais j'ai été cruellement puni de ma préférence, et ce qu'il a le mieux appris, c'est à mépriser sa famille... Son état...

JACQUES.

Vous êtes bien sévère pour lui!

LOMBARD.

C'est que je l'aime, vois-tu?... et que je sais qu'il ne m'aime pas.

JACQUES.

Oh! monsieur...

LOMBARD.

Non; c'est un ingrat, il rougit de nous... il rougit de son père... Eh bien, je vais lui donner aujourd'hui la chance de le renier... qu'il en profite!... Ah! j'aime mieux en finir que de vivre ainsi... (*Avec éclat.*) Où est-il?... maintenant, aujourd'hui que le malheur est dans la maison, il est sans doute tout à ses plaisirs, à sa vanité.

JACQUES.

Voyons, monsieur, le voila avec Mlle Julienne et M. Auguste.

SCENE II.

MATHIEU LOMBARD, JACQUES, VICTOR, AUGUSTE, JULIENNE.

AUGUSTE *et* VICTOR, *en entrant.*

Mon père!... mon père!...

JULIENNE.

Mon oncle. .

LOMBARD, *donnant la main à Auguste et à Julienne.*

Merci, Auguste... Merci, Julienne.

VICTOR.

Mon père, nous avons appris le malheur qui vous frappe, nous sommes accourus.

LOMBARD, *ému, se maîtrisant.*

Merci, monsieur, merci.

VICTOR, *à part.*

Chassé de ce château... repoussé dans cette maison... Oh! c'est trop!

AUGUSTE, *qui a parlé bas à Jacques.*

Eh bien, mon père, qu'est-ce qu'il me dit donc Jacques?... vous vous désespérez, et vous parlez de vous tuer... Et pourquoi?... pour quelques milliers de francs que vous avez perdus; vous les aviez gagnés pour nous, c'est notre tour, nous les gagnerons pour vous, n'est-ce pas, frère?

VICTOR, *avec tristesse.*

Oui, nous ferons notre devoir.

LOMBARD, *à part.*

Son devoir... pas un mot du cœur. (*Haut.*) Oui, oui, Auguste, je compte sur toi, tu n'es pas un faraud, toi... tu ne mets pas de gants de peur que le travail ne te gâte les mains.

JULIENNE, *bas à Victor qui fait un geste d'impatience.*

Victor, contenez-vous, votre père est si malheureux!

VICTOR, *bas.*

Ne craignez rien, je saurai tout supporter.

LOMBARD, *éclatant après avoir observé Victor.*

Vous voyez bien que ça ne peut pas durer comme ça, il est temps d'en finir... Jacques, laisse-nous. (*Jacques sort, et Julienne fait un mouvement pour le suivre.*) Reste, Julienne, car toi seule tu es véritablement de ma famille, toi seule, ma pauvre enfant, tu es comme moi, la fille d'un ouvrier, et je n'en peux pas dire autant de...

JULIENNE.

Que voulez-vous dire, mon oncle?

AUGUSTE.

Est ce que vous nous renieriez pour vos enfans?

LOMBARD, *regardant Victor.*

Dieu fasse que l'un de vous deux ne me renie pas tout à l'heure pour son père.

VICTOR, *avec douleur.*

Ah! mais, qu'ai-je donc fait pour que vous me traitiez ainsi?

LOMBARD.

Je ne parle pas pour vous seul, car ce mystere vous regarde tous deux.

VICTOR.

Tous deux!

AUGUSTE.

C'est donc un secret bien terrible?

LOMBARD.

Vous allez le savoir, et peut-être vous expliquera-t-il bien des choses qui vous ont paru si extraordinaires dans ma conduite envers vous.

AUGUSTE *et* JULIENNE.

Nous vous écoutons.

LOMBARD.

Je n'ai pas toujours habité ce pays, et en 1793, je demeurais au petit village de Saunoy, à quelques lieues à peine de la frontière Prussienne; à cette époque, notre village était occupé par les troupes françaises, et la plupart des habitans l'avaient abandonné pour chercher un refuge dans les bois voisins, car nous étions menacés à chaque instant d'être attaqués. J'aurais dû faire comme les autres, mais je ne le pouvais plus, car ma femme, ma bonne Marie, était depuis deux heures en proie aux douleurs de l'enfantement... La nuit était venue, et je craignais de voir expirer ma pauvre femme dans mes bras, malgré les soins du chirurgien du bataillon, qui avait bien voulu venir près d'elle; lorsque nous entendons tout-à-coup éclater une vive fusillade: c'étaient les prussiens qui attaquaient notre village à l'improviste, et déjà ils l'avaient presque envahi, qu'on ne soupçonnait pas leur présence. Le chirurgien voulut courir à son poste... « Ah! m'écriai-je alors en lui montrant ma pauvre Marie, restez, restez, le poste du médecin est au chevet du mourant, et comme c'est l'heure de se battre, un soldat vaut bien un médecin sur le champ de bataille, et j'y serai. » Là-dessus, je prends mon fusil et je m'élance dans la mêlée...

AUGUSTE.

C'est bien ça, mon père, très-bien!

LOMBARD.

Oui, c'était mon devoir, et cependant j'en ai été cruellement récompensé... A peine avais-je fait quelques pas hors de ma maison, que je fus enveloppé, entraîné par un groupe de soldats ennemis: peut-être allaient-ils me tuer, mais nos troupes, surprises et étonnées un moment, avaient déja repris l'avantage, et le chef de la petite troupe qui s'était emparée de moi, ayant reconnu à mes habits que je devais être un habitant du pays, me fit épargner, et me garda comme prisonnier; aussitôt il m'ordonna de le conduire par des sentiers détournés, afin de se retirer de la fâcheuse position où il s'était si imprudemment engagé. Je fus donc forcé de servir de guide à sa troupe, et je restai avec elle tant que dura cette longue nuit Ce ne fut qu'au point du jour qu'on me permit de regagner notre village. Jugez de mon effroi, lorsque des hauteurs voisines je vis l'incendie allumé sur plusieurs points différens, et qui menaçait de dévorer notre hameau tout entier... Je m'élançai, la terreur dans l'âme; je courus, soutenu par cette force infatigable que Dieu donne à l'homme dans ces momens désespérés, et j'allais arriver, haletant, brisé de fatigue, lorsque je fus arrêté de nouveau par un avant-poste français, dont le chef m'interrogea sur la position de l'ennemi... J'avais beau le supplier, il ne voulait pas me relâcher, et comme je me désespérais, un soldat me dit que je n'avais rien à craindre, que le chirurgien était sans doute encore dans ma cabane, car on ne l'avait pas revu, et que d'ailleurs j'y trouverais nombreuse compagnie.

AUGUSTE.

Que voulait-il dire?

LOMBARD.

Le voici. Pendant mon absence, et lorsque les Français étaient redevenus maîtres du village, une riche voiture était arrivée dans le pays; un homme et une femme l'occupaient: cette femme, dans un état aussi désespéré que celui de Marie, réclamait comme elle les soins d'un médecin, et les soldats lui avaient indiqué ma maison, où se trouvait le chirurgien du bataillon; elle y était descendue, me dit-on, et devait s'y trouver encore. Heureux de cette nouvelle, qui me rassurait, je m'échappe; je cours... j'arrive à la porte de ma maison, et sur le seuil, je trouve le corps du chirurgien frappé d'une balle au front... Epouvanté, j'entre dans ma maison en appelant Marie... aucune voix ne me répond... je me précipite vers le lit où je l'avais laissée: un drap sanglant le recouvrait; je l'arrache, et sur ce lit où j'avais laissé Marie seule, je trouve deux cadavres étendus, deux cadavres de femme... celui de Marie et celui d'une étrangère... toutes deux jeunes, toutes deux belles, toutes deux mortes en donnant le jour à un fils.

TOUS.

Grand Dieu! est-ce possible?

LOMBARD.

Oui; car à côté du lit où reposaient les deux cadavres était le berceau où reposaient deux enfans nouveau-nés.

AUGUSTE *et* VICTOR.

Continuez, mon père!

LOMBARD.

Je vous l'avoue, en ce moment, je crus que je perdrais l'usage de la raison. J'appelai, je courus; la voiture avait disparu. J interrogeai les soldats; personne n'avait été témoin de cet affreux événement... je demandai quel était mon fils, et rien ne pouvait me le dire... Enfin, je restai seul en face de ce lit où étaient deux femmes mortes, et de ce berceau où étaient deux enfans, l'un qui était mon sang, l'autre qui ne m'était rien. Je me mis à genoux entre ce lit et ce berceau, je priai Dieu de m'éclairer, je lui demandai quel était mon fils.. alors, il me sembla entendre sa voix qui m'enseignait mon devoir, et quand je me relevai, je n'avais plus d'incertitude... je ne choisis pas, je vous pris tous les deux.

AUGUSTE *et* VICTOR.

Mon père!... mon père!...

LOMBARD.

Oui, tous les deux, et voilà pourquoi depuis vingt-quatre ans que cela s'est passé, ignorant encore quel est celui de vous qui doit être le fils de l'ouvrier, et celui qui de vous est le fils du riche, j'ai travaille avec toute la persévérance pour vous donner à tous deux le moyen de porter le nom qui vous appartient; c'est pour cela que j'ai voulu faire à la fois de vous deux des hommes instruits et des ouvriers laborieux, afin que lorsque le jour arrivera où la fortune sera pour l'un et la misère pour l'autre, l'un soit digne de sa fortune, et l'autre fort contre la misère.

AUGUSTE.

Et nous qui vous accusions... mon père!

VICTOR.

Pardonnez-nous... pardonnez-nous!

LOMBARD.

Trouvez-vous maintenant ma conduite si imprévoyante et si injuste, et ne pensez-vous pas que j'ai bien accompli la mission que je m'étais imposée?

VICTOR *et* AUGUSTE, *pleurant.*

Ah! mon Dieu! mon Dieu!

JULIENNE.

Oh! mon oncle, c'est de l'honneur et de la vertu, ça, voyez-vous; et je suis plus fière d'être votre nièce que d'être celle d'un prince.

LOMBARD.

Mais peut-être ne pensent-ils pas ainsi, eux?

AUGUSTE *et* VICTOR.

Mon père!

LOMBARD.

Aujourd'hui que nous sommes en face d'un malheur... aujourd'hui que ce nom de Lombard peut devenir celui d'un banqueroutier, je ne veux pas les obliger à le porter, et je permets à celui des deux qui le voudra de le quitter.

JULIENNE.

Oseriez-vous donc aujourd'hui faire un choix que votre cœur a refusé de faire depuis vingt-quatre ans?

LOMBARD, *avec douleur et colère.*

Ah! le sang et le cœur l'ont fait depuis longtemps entre nous... regarde-les tous les deux, (*montrant Auguste*) lui, simple, bon et loyal ouvrier comme nous; (*montrant Victor*) lui, plein de vanité, fier et honteux de son état; (*montrant Auguste*) lui qui nous aime, (*montrant Victor*) lui qui nous méprise! Ah! tu vois bien que je n'ai pas besoin de choisir; tu vois bien lequel des deux est mon fils.

Il embrasse Auguste.

AUGUSTE, *en embrassant son père.*

Mon père!

JULIENNE, *à part.*

Pauvre Victor!

Pendant ce temps-là Victor arrache ses gants avec colère et les jette par terre.

LOMBARD, *à Victor.*

Maintenant, monsieur, c'est à vous de prendre un parti.

VICTOR.

Il est pris. Monsieur, je ne demanderai pas à mon père d'accepter le dévouement d'un fils; mais j'ai le droit de demander à mon bienfaiteur de me permettre de m'acquitter envers lui. Si, plus malheureux qu'Auguste, je ne dois pas, selon votre cœur, travailler pour celui qui m'a donné le jour, je travaillerai du moins pour celui qui m'a nourri. (*Il ôte son habit et son gilet.*) Vous avez choisi, je choisis donc à mon tour.., et maintenant, monsieur, il y a un orphelin de plus en ce monde, et si vous daignez y consentir, il y aura un ouvrier de plus dans votre maison.

LOMBARD.

Est-ce vrai, Victor?

VICTOR.

Vous me jugerez à l'œuvre, monsieur.

LOMBARD, *lui tendant les bras.*

Monsieur!... ah! non, non, ton père...

VICTOR, *l'embrassant.*

Mon père!

AUGUSTE.

Oui, mon frère, à moi, quoi qu'il puisse arriver.

LOMBARD.

Oh! oui, mes enfans, tous les deux, car ce serait pour moi un affreux malheur que de savoir lequel de vous deux je n'ai pas le droit d'appeler mon fils.

JULIENNE.

Ah! c'est un heureux jour que celui-ci

JACQUES, *entrant.*

Monsieur Lombard, une lettre du procureur du roi.

Il sort.

LOMBARD, *prenant la lettre.*

Oui, un heureux jour pour le cœur, mais pas pour la bourse... Mais maintenant que nous sommes unis, maintenant que j'ai retrouvé mes deux fils, je reprends tout mon courage. Allons, mes enfans, il faut d'abord penser à retrouver notre voleur.

AUGUSTE.

Et là-dessus j'ai une idée qui pourra nous faire aller droit dans notre recherche.

LOMBARD.

Voyons, qu'est-ce que c'est?

AUGUSTE.

Julienne, où sont les bijoux que je t'ai donnés hier?

JULIENNE.

Ces bijoux...

AUGUSTE.

Oui, c'est Roussillon qui me les a vendus... je ne sais pas ce qu'ils valent au juste; mais ils valent sûrement plus de soixante francs. Or, pour les vendre si bon marché, il fallait qu'ils ne lui coûtassent pas cher, et comme il n'en est pas même venu chercher le prix, il y a à parier que c'est parce qu'il s'était payé par ses propres mains.

LOMBARD.

Je n'avais pas besoin de cette histoire pour soupçonner ce garnement... N'importe! vous allez m'accompagner chez le procureur du roi pour lui faire cette déclaration. Toi, tu vas nous remettre ces bijoux, pour que nous les déposions entre ses mains; ce sera peut-être un indice qui servira à le faire découvrir.

JULIENNE.

J'y vais, mon oncle.

Elle sort.

LOMBARD.

Et nous, mes enfans, préparons-nous à sortir. (*Regardant Victor qui rêve, et puis bas à Auguste.*) Eh bien! qu'est-ce qu'il a, ton frère? est-ce qu'il m'en veut toujours?

AUGUSTE.

Non, non, père; mais il n'est pas heureux, voyez-vous... il est amoureux.

LOMBARD.

D'une femme plus riche que lui, sans doute?

AUGUSTE.

Oh! c'est toute une histoire, imaginez-vous...

Ils causent tout bas.

VICTOR, *à part.*

L'un de nous deux n'est pas son fils... et si jamais... Non, non, c'est un espoir insensé, et ce serait une horrible ingratitude... Oh! Eugénie... c'en est fait, je ne dois plus vous revoir.

LOMBARD, *qui s'est approché doucement.*

Eh bien! Victor, qui sait! nous redeviendrons peut-être riches, et alors...

VICTOR.

Oh! merci, mon bon père, merci... je vous comprends; Auguste vous a tout dit.

LOMBARD.

Il n'y a pas de mal à ça, il n'y a de mal qu'à se désespérer. L'avenir est grand, mon garçon, et il y a place pour tout le monde.

SCENE III.

LES MÊMES, JACQUES.

JACQUES.

Monsieur Lombard...

LOMBARD.

Qu'est-ce que c'est?

JACQUES.

Une vieille dame qui vient d'arriver en voiture et qui voudrait vous parler sur-le-champ

LOMBARD.

C'est pour quelque commande.. je n'ai guère le cœur à parler d'affaires!... C'est égal, nous ne sommes pas en position de renvoyer les pratiques... qu'elle entre.

Jacques sort.

VICTOR, *qui est allé au fond.*

C'est Mme de Gèvres.

LOMBARD, *à Auguste.*

Mme de Gèvres, chez qui tu as été hier.

AUGUSTE, *bas.*

Oui, la grand'mère de la jeune personne.

LOMBARD.

Ah! je comprends! (*A Victor.*) Eh bien! voyons, qu'as-tu? ça te poigne le cœur de te montrer comme ça devant elle; ça se conçoit très-bien, et je ne t'en veux pas... laisse-nous, je vais la recevoir.

VICTOR.

Non, mon père... non, c'est ma première épreuve, je veux la supporter devant vous, ce serait une lâcheté que de me retirer.

LOMBARD.

Merci Victor... tu vaux mieux que moi, je n'aurais pas eu ce courage.

SCENE IV.

LOMBARD, VICTOR, AUGUSTE, Mme DE GÈVRES.

Mme DE GÈVRES.

Vous êtes, monsieur Matthieu Lombard.

LOMBARD.

Oui, madame, et voici mes deux fils.

Mme DE GÈVRES.

J'ai déjà eu l'occasion de les voir tous les deux, et je connais M. Victor.

LOMBARD.

En ce cas, vous connaissez un digne et honnête garçon, madame.

Mme DE GÈVRES.

J'aurais pourtant quelques reproches à lui faire.

LOMBARD.

De ce qu'il ne vous a pas dit qu'il était le fils d'un pauvre menuisier... Ah! dame! que voulez-vous, c'est jeune, c'est amoureux... ça sent ce que ça vaut... ça se monte la tête... il faut lui pardonner : il en est plus puni que personne, c je ne le laisserais pas humilier devant moi.

Mme DE GÈVRES.

Je n'en ai ni le droit ni la volonté, monsieur; et quand vous m'aurez entendue, vous verrez que je ne suis venue ici que dans des intentions bienveillantes.

LOMBARD.

Nous vous écoutons, madame.

Mme DE GÈVRES.

Puisque vous savez que M. Victor venait dans ma maison, vous devez savoir aussi qu'il m'a sauvé la vie, ainsi qu'à ma petite-fille.

LOMBARD.

Non; il ne s'était pas vanté de ça.

AUGUSTE.

C'est vrai... il a sauvé madame, et Mlle Eugénie.

LOMBARD, *à Auguste.*

Tu ne m'en as rien dit, toi... là, tout-à-l'heure?

AUGUSTE.

Vous savez bien que ça n'est pas la première fois que ça lui arrive de sauver quelqu'un, et c'est ennuyeux de toujours raconter la même chose.

Mme DE GÈVRES.

Je vous l'apprends donc, monsieur, et vous ne vous étonnerez pas que je veuille reconnaître ce service lorsque le hasard m'en offre l'occasion.

VICTOR, *à part.*

Que veut-elle dire?

LOMBARD.

Je ne vous comprends pas.

Mme DE GÈVRES.

Le hasard m'a fait apprendre le malheur qui vous a frappé; j'ai pensé que dans une circonstance si cruelle le secours d'un ami pourrait vous être utile, et ce portefeuille...

VICTOR, *tombant sur une chaise.*

Ah! une aumône! quelle humiliation!

LOMBARD.

Ce portefeuille. . (*Il va à Victor.*) Qu'en dis-tu, Victor?

VICTOR, *se relevant.*

Je dis... je dis, madame, que ce n'est pas pour de l'argent que je vous ai sauvée, et que si la reconnaissance vous pèse, je vous en tiens quitte sans qu'il soit besoin de me payer.

LOMBARD, *bas.*

Bien répondu, Victor.

Mme DE GÈVRES.

Sa générosité l'égare, monsieur.

LOMBARD.

Pardon, madame, ce n'est pas mon affaire... je ne puis pas le forcer.

Il s'éloigne.

Mme DE GÈVRES, *à Auguste.*

Mais vous, son frère, vous lui ferez comprendre que ce n'est pas un salaire, mais un don.

AUGUSTE.

Merci! cet argent-là nous pèserait sur l'amour-propre.

Mme DE GÈVRES.

Mais si un étranger vous offrait cette somme.

AUGUSTE.

Un étranger, ça serait différent... et puis il nous la prêterait, lui...

Mme DE GÈVRES, *souriant.*

Eh bien! je vous le prête, moi.

AUGUSTE.

Il nous prendrait de gros intérêts.

Mme DE GÈVRES, *avec bonté.*

Eh bien! je vous en demanderai de même.

AUGUSTE.

Et si nous ne payons pas à l'échéance, il nous poursuivrait.

Mme DE GÈVRES.

Je vous poursuivrai.

AUGUSTE.

Il nous enverrait en prison.

Mme DE GÈVRES, *souriant.*

J'en ferai autant.

AUGUSTE.

Diable!...

Mme DE GÈVRES.

Je vous jure que je serai un créancier très-exigeant. Et vous acceptez de cette manière?

AUGUSTE.

De cette manière... c'est trop cher... c'est trop bon marché de l'autre; tenez: croyez-moi, madame, il n'y a pas moyen de conclure l'affaire.

Mme DE GÈVRES.

Je n'insiste pas davantage, et je me retire avec le regret d'avoir vu méconnaître le sentiment de reconnaissance qui m'avait conduite ici.

LOMBARD.

Ne vous offensez pas de notre refus, madame; c'est notre noblesse a nous, de rendre service pour rien: il ne faut pas nous l'envier.

SCENE V.

LES MÊMES, EUGÉNIE.

EUGÉNIE, *accourant.*

Maman... maman, oh! ne partez pas encore.

Mme DE GÈVRES.

Eugénie, tu m'avais promis de ne pas quitter la voiture.

EUGÉNIE.

Et je l'aurais fait, mais j'ai vu arriver de loin la calèche de M. de Monnerais; alors j'ai fait cacher la noce derrière cette maison, et je suis venue vous avertir.

Mme DE GÈVRES.

Mais pourquoi toutes ces précautions?

EUGÉNIE.

C'est que vous ne savez pas, maman... Ce matin, quand M. Auguste a parlé de bijoux qu'on lui avait vendus, mon oncle a eu l'air tout surpris... puis, quand ces messieurs ont été partis, j'ai entendu son fils qui disait: « Il serait singulier que ce fussent ceux qu'on vous a volés.»

AUGUSTE.

Ça n'est pas impossible.

EUGÉNIE.

Oui; mais savez-vous ce que mon oncle disait: « Oh si je pouvais retrouver ces bijoux dans leurs mains, je leur ferais payer cruellement leur insolence; car il serait facile alors d'expliquer comment ils ont pu m'être dérobés.»

LOMBARD.

Quand ce serait nous qui les aurions, ça ne me paraîtrait pas plus clair pour ça.

EUGÉNIE.

C'est qu'il a ajouté... C'est affreux... mais c'est un homme si méchant!

AUGUSTE.

Eh bien! qu'a-t-il ajouté?

EUGÉNIE, *hésitant.*

Que lorsqu'une personne qui ne veut pas dire son nom s'introduit dans une maison...

TOUS.

Quelle horreur!

VICTOR, *avec éclat.*

Ah! l'infâme! .. Ah! merci, mon père, de n'avoir pas accepté les bienfaits de cette noble famille... je pourrai me venger de son chef.

AUGUSTE.

Un moment; un moment; ça me regarde; c'est moi qui ai acheté les bijoux. (*Il appelle.*) Julienne! Julienne! voyons, donne un peu ces bijoux que je t'ai demandés.

SCENE VI.

LES MÊMES, JULIENNE.

JULIENNE.

Pardon, je vous savais en affaire... je ne suis pas entrée... les voilà...

AUGUSTE, *prenant les bijoux et les montrant à Mme de Gèvres.*

Belle affaire!... il n'y a pas là de quoi se faire voleur; regardez.

Mme GÈVRES.

Grand Dieu!.. ces bijoux...

TOUS.

Qu'y a-t-il?

Mme DE GÈVRES, *les prenant à son tour.*

Ces bijoux... c'est bien cela...

AUGUSTE.

Est-ce qu'ils appartiennent à M. de Monnerais?

Mme DE GÈVRES.

A M. de Monnerais? (*A part et comme si elle cherchait un souvenir.*) En effet, lui seul pouvait les avoir... mais alors... oh! mon Dieu!... que faire? que penser?... serait-ce un crime que je vais apprendre?

EUGÉNIE.

Mais, maman, qu'avez-vous donc? quels sont ces bijoux?

Mme DE GÈVRES.

Ces bijoux sont ceux...

AUGUSTE, *vivement.*

Juste... voici M. de Monnerais... je vais le traiter comme il le mérite.

Mme DE GÈVRES, *avec anxiété.*

Non, non; laissez-moi faire, et gardez le silence.

AUGUSTE.

Mais...

Mme DE GÈVRES.

Faites-le taire, monsieur, je vous en supplie.

LOMBARD.

Allons! tais-toi, tais-toi.

VICTOR.

Nous ferons ce que vous voudrez, madame.

Mme DE GÈVRES.

Si vous saviez ce que sont ces bijoux?

LOMBARD, *à Auguste, qui se démène.*

Allons! tiens-toi donc tranquille! ça ne peut pas nous regarder.

AUGUSTE.

Faut voir... faut voir...

SCÈNE VII.

LES MÊMES, M. DE MONNERAIS.

M. DE MONNERAIS, *du fond et à part en entrant.*

Madame de Gèvres... de la prudence.

Mme DE GÈVRES, *avec un calme affecté.*

Bonjour, monsieur le baron; je suis charmée de vous rencontrer ici...

M. DE MONNERAIS.

Je devine aisément le motif qui a dû vous y conduire; et je ne m'étonne pas de cette démarche dictée par votre générosité.

Mme DE GÈVRES.

Si j'en crois quelques propos qui m'ont été rapportés, la vôtre serait moins bienveillante pour cette famille...

M. DE MONNERAIS, *à part.*

Que veut-elle dire? (*Haut.*) Je vous jure qu'elle n'a rien que de bien simple et de bien naturel.

Mme DE GÈVRES, *examinant M. de Monnerais.*

En effet, on vous a dérobé des bijoux; ce jeune homme se trouve en avoir acheté qu'il soupçonne avoir été volés; et il est très-naturel de supposer que ce peuvent être les vôtres.

M. DE MONNERAIS, *à part.*

Elle le sait... de l'assurance, ou je suis perdu! (*Haut.*) C'est une supposition bien peu vraisemblable; et il faudrait un hasard bien extraordinaire! Mais enfin j'ai voulu savoir à quoi m'en tenir, et voir ces bijoux...

Mme DE GÈVRES, *vivement.*

Ces bijoux... les voici.

M. DE MONNERAIS, *à part.*

Ce sont eux...

Mme DE GÈVRES, *avec force.*

Eh bien! monsieur; vous voyez que ce n'était pas une supposition si invraisemblable, un hasard si extraordinaire; car ces bijoux...

M. DE MONNERAIS, *froidement.*

Ne sont pas ceux qui m'ont été dérobés.

Lombard, ses fils et Julienne, qui jusque là ont écouté, se retirent à l'écart.

Mme DE GÈVRES, *plus vivement.*

Ce ne sont pas eux... quoi! vous ne les reconnaissez pas?...

M. DE MONNERAIS.

Non, madame, non, je ne les ai jamais vus.

Mme DE GÈVRES.

Vous ne les avez jamais vus, monsieur? mais ce sont ceux que portait l'infortunée Laura... dans ce triste voyage où elle fut assassinée sous vos yeux, au village de Sautnoy.

LOMBARD, *du fond, à part.*

Au village de Sautnoy!

M. DE MONNERAIS.

Vous avez raison, en effet... mais depuis vingt-quatre ans que cet affreux événement s'est passé, j'ai pu oublier la forme de ces bijoux, et ne pas les reconnaître au premier coup d'œil.

LOMBARD, *à part en s'approchant.*

Depuis vingt-quatre ans...

Mme DE GÈVRES.

Oui, monsieur. Et après vingt-quatre ans, ce serait un hasard bien plus extraordinaire de retrouver ici ces bijoux, qui ont été volés par des soldats prussiens, que de croire qu'ils sont restés dans vos mains.

LOMBARD, *vivement, à Mme de Gèvres.*

Il y a vingt-quatre ans, à Sautnoy, une jeune dame, dites-vous, a été assassinée et volée par des soldats prussiens?

Mme DE GÈVRES.

Sans doute!

LOMBARD.

Mais la date... la date certaine de cet événement?

Mme DE MONNERAIS.

Ah! pour cela je ne l'ai pas oublié; c'était le 20 novembre 1793.

LOMBARD.

Le 20 novembre 1793!

AUGUSTE, JULIENNE, VICTOR.

Grand Dieu!...

LOMBARD.

C'était une jeune femme de vingt ans?

Mme DE GÈVRES.

Oui.

LOMBARD.

D'une taille élevée?

Mme DE GÈVRES.

Oui.

LOMBARD.

Les cheveux blonds ?

Mme DE GÈVRES.

Oui... oui...

LOMBARD.

Voyageant en voiture avec un homme ?

Mme GÈVRES.

C'était M. de Monnerais.

LOMBARD.

Et elle était sur le point d'accoucher ?

Mme DE GÈVRES.

D'où le savez-vous ?

LOMBARD, *à M. de Monnerais.*

Et vous dites qu'elle a été assassinée par des soldats prussiens avec son enfant.

M. DE MONNERAIS.

Oui, monsieur.

LOMBARD.

Vous mentez, monsieur !

M. DE MONNERAIS.

Elle est morte assassinée, monsieur; je vous dis qu'elle est morte.

LOMBARD.

C'est vrai; mais elle est morte sans doute d'épouvante et de douleur, morte pour avoir été lâchement abandonnée par celui qui l'accompagnait; (*à Mme de Gèvres*) mais elle n'est morte, madame, qu'après avoir donné le jour à un enfant.

Mme DE GÈVRES.

A un enfant ?

LOMBARD.

Oui, madame, et cet enfant, c'est...

Il se retourne, et reste immobile et éperdu en regardant Victor et Auguste.

Mme DE GÈVRES.

Eh bien !... c'est...

LOMBARD.

C'est... regardez, madame... les voilà tous deux, depuis vingt-quatre ans que je les ai retrouvés dans ma cabane, couchés dans le même berceau près du lit où était ma femme et cette étrangère, mortes toutes deux. Je n'ai pas osé choisir; voyez si vous avez plus de courage que moi.

Mme DE GÈVRES.

Mais que voulez-vous dire? mon Dieu! je ne puis vous comprendre.

Lombard va à un secrétaire qu'il ouvre.

M. DE MONNERAIS.

Eh! madame, ne rougissez-vous pas d'écouter les mensonges de ce misérable? et lui-même, oserait-il les dire devant vous s'il en comprenait toute la portée?

LOMBARD.

Je ne sais, monsieur, ce qui peut en arriver, mais sans doute je le savais encore moins lorsqu'il y a vingt-quatre ans je fis dresser cet acte par le maire du village de Santenoy... Lisez, madame !

Mme DE GÈVRES.

Donnez, monsieur...

LOMBARD, *pendant que Mme de Gèvres lit.*

Vous voyez, madame... « Le 20 novembre 93. »

Mme DE GÈVRES, *tout en lisant.*

Oui, oui.

LOMBARD.

« Une femme arrivée en voiture. »

Mme DE GÈVRES.

Oui.

LOMBARD.

Voyez son signalement... retrouvée morte dans ma cabane.

Mme DE GÈVRES.

Oui, oui.

LOMBARD.

Voyez les deux enfans.

Mme DE GÈVRES.

Grand Dieu !... écoutez!

M. DE MONNERAIS.

Que va-t-elle apprendre?

Mme DE GÈVRES, *lisant.*

« Nous avons remarqué que, par une précaution » bien naturelle, le chirurgien qui avait accouché » la femme de Lombard et l'étrangère avait marqué chaque enfant d'un signe particulier

VICTOR et AUGUSTE.

O ciel!

Mme DE GÈVRES.

« L'un d'eux portait au bras droit une incision » cruciale. »

VICTOR.

La voilà...

Mme DE GÈVRES.

« L'autre en portait une au bras gauche. »

AUGUSTE.

La voilà!

Mme DE GÈVRES.

Ainsi l'un de vous deux serait...

M. DE MONNERAIS, *à part.*

Ah! c'est vrai !

LOMBARD.

Oui, madame, l'un d'eux n'est pas mon fils; mais achevez... (*Il reprend le papier et lit.*) « Mais nous n'avons pu découvrir le secret de » cette marque; car le chirurgien qui l'avait faite, » et qui seul pouvait dire à quelle mère appartenait chacun de ces enfans, a été trouvé mort » sur le seuil de la cabane, et l'homme qui accompagnait cette femme étrangère avait disparu. »

M. DE MONNERAIS, *à part.*

Je respire !

LOMBARD.

Ainsi, madame, malgré tous mes efforts, nous resterons tous dans la même ignorance.

Mme DE GÈVRES, *regardant Victor et Auguste.*

L'un d'eux !

EUGÉNIE.

Oui, ma mère.

Mme DE GÈVRES, *allant à Victor.*

Ah! c'est lui sans doute, ou peut-être... Oh!

venez tous deux, venez que je vous regarde, mon cœur devinera... Mais ma vue se trouble, je pleure, je ne puis voir... Ah! mon Dieu, éclairez-moi... (*Allant à M. de Monnerais.*) Mais vous, monsieur, vous devez savoir...?

M. DE MONNERAIS.

Je ne sais rien, madame, que ce que je vous ai dit, et je ne me laisse pas abuser par des imposteurs qui voudraient usurper l'une des plus riches fortunes et l'un des plus beaux noms de France; et il faudra d'autres preuves que ces misérables allégations avant que l'un des fils de M. Lombard soit reconnu marquis de Gèvres.

LOMBARD, SES FILS, *et* JULIENNE.

Marquis de Gèvres!

Mme DE GÈVRES.

Oui, car cette infortunée était ma bru, la femme de mon malheureux fils.

VICTOR, *à part.*

Marquis de Gèvres!

AUGUSTE, *à Eugénie.*

Ça doit être lui.

EUGÉNIE, *à part.*

Ah! mon Dieu, quel espoir!

JULIENNE, *à part.*

Pauvre Julienne!

LOMBARD, *à part.*

Comme ils ont l'air content!

Mme DE GÈVRES.

Ah! rien, rien pour nous éclairer!

SCENE VIII.

LES MÊMES, JULES.

JULES.

Enfin, je vous trouve, mon père... (*A Mme de Gèvres, qu'il salue.*) Pardon, madame.

M. DE MONNERAIS.

Qu'y a-t-il?

JULES.

Un homme s'est présenté au château après votre départ; il a tellement insisté pour vous voir, que je l'ai reçu, et alors il m'a remis cette cassette en me disant de vous la faire parvenir immédiatement, et qu'il y allait de notre fortune...

Mme DE GÈVRES.

Cette cassette, encore...

M. DE MONNERAIS.

Ah! donnez, donnez.

Mme DE GÈVRES.

Non, non, c'est celle qui renfermait ces bijoux.

M. DE MONNERAIS.

Donnez, donnez donc, mon fils.

AUGUSTE, *s'en empare au moment où M. de Monnerais va la prendre.*

Un moment!

M. DE MONNERAIS.

Qu'est-ce à dire?

JULES.

Cette violence!

AUGUSTE.

On vous en rendra compte.

Mme DE GÈVRES.

Voyons, peut-être y trouverons-nous une preuve.

Victor, Auguste, Mme de Gèvres et Eugénie vont vers la table de droite; Julienne y veut courir aussi.

LOMBARD, *à Julienne, en la retenant.*

Reste au moins, toi.

VICTOR.

Tenez, madame, ce papier.

M. DE MONNERAIS.

Je suis perdu!

Mme DE GÈVRES.

Donnez, donnez... (*Lisant.*) « Le nom de l'en-» droit où j'ai caché les papiers que renfermait » cette cassette vaut dix mille francs... que M. de » Monnerais me les compte dans une heure, ou » bien dans deux j'irai les demander à Mme de » Gèvres. »

VICTOR.

Et cet homme, quel est-il?

AUGUSTE, *qui regarde par dessus l'épaule de Mme de Gèvres.*

C'est Roussillon, je reconnais son écriture.

VICTOR.

Oui, oui, c'est bien cela.

JULES, *bas à son père.*

Par précaution, je l'ai fait retenir prisonnier au château.

M. DE MONNERAIS.

Silence!

Mme DE GÈVRES.

Mais où le retrouver?

M. DE MONNERAIS.

Ce n'est pas moi qui suis chargé de vous le dire... Venez, Jules.

VICTOR, *courant à la porte du fond.*

Non, monsieur, non, vous ne sortirez pas.

JULES.

Qu'est-ce à dire?...

VICTOR.

Vous ne sortirez pas, vous dis-je!

AUGUSTE.

Laisse passer, laisse passer! Messieurs, donnez-vous donc la peine de sortir.

M. DE MONNERAIS, *à part.*

Je l'aurai vu le premier, je suis sauvé!

Ils sortent.

AUGUSTE

Enfoncé, le tuteur!

Mme DE GÈVRES.

Mais il va retrouver cet homme!

AUGUSTE.

Oui, mais je connais ses repaires. Toi, Victor, à l'auberge du Vieux-Cerf. Vous, mon père, au bouchon de la Tête-Noire.

LOMBARD, *tristement.*

Il faut faire mon devoir, j'irai.

VICTOR.

Et toi?

AUGUSTE.

Moi, à la piste de ceux-ci, si par hasard le rendez-vous était ailleurs.

Mme DE GÈVRES.

Mais ils sont en voiture.

AUGUSTE.

Et moi, sur deux bonnes jambes que je ne craindrai pas de fatiguer pour faire le bonheur de Victor, car c'est lui qui est le marquis, j'en suis sûr...

Mme DE GÈVRES.

Vous nous retrouverez au château de Gèvres, avec votre cousine.

AUGUSTE.

C'est dit!

EUGÉNIE.

Venez! venez!

AUGUSTE.

Allons... allons.

Ils sortent tous.

ACTE QUATRIEME.

Une salle du château de Gèvres. Porte au fond, fenêtre à gauche à côté; portes à droite et à gauche, cheminée à gauche sur le premier plan. Une table devant la cheminée, à deux pieds environ.

SCENE PREMIERE.

ROUSSILLON, *seul, assis près d'une table avec une bouteille de vin.*

Il paraît que la course est longue pour retrouver le baron de Monnerais... Est-ce que j'aurais fait une bêtise?... Pas moyen de sortir... une fenêtre pour tout chemin... et trente pieds d'ici en bas sans chaussée ni trottoir... Si j'avais encore la corde de ce badigeonneur qui pend à la fenêtre à côté... mais pas moyen de l'agripper... J'aurais peut-être tout aussi bien fait de filer avec l'argent des Lombard... mais c'est si lourd, ce gueux d'argent! j'en avais ma charge à le porter pendant la nuit, et c'est tout au plus si j'ai pu arriver jusqu'à la Tête-Noire et entrer sans qu'on devinât ce que j'avais sur le dos... C'est de l'or qu'il me faut, et le baron de Monnerais m'en donnera... Non, non, il ne sera pas assez bête pour me livrer à la justice... on s'entend mieux que ça entre honnêtes gens... S'il en sait assez sur mon compte pour me faire faire de la peine, j'en ai trop appris sur le sien pour qu'il ne perdît pas plus gros que moi à ce jeu-là. J'ai eu une bonne idée de lire les papiers que contenait cette cassette au moment où j'allais les jeter au feu... (*Il montre le papier.*) C'est dix mille francs que le bon Dieu m'a envoyés avec cette idée-là. Dix mille francs d'une part, et quinze mille de l'autre... vingt-cinq mille francs... et une fois de l'autre côté de la frontière... oui; mais ça ne vient pas vite, l'autre côté... et ça commence à m'embêter d'écouter sonner les pendules... encore si c'était une montre, on la mettrait dans sa poche pour s'occuper. Si ça doit durer long-temps encore, j'aime autant y renoncer. (*Il appelle.*) Garçon, garçon! Comment personne!... Attends! attends! je le ferai bien venir.

Il tire tous les cordons de sonnette.

SCENE II.

ROUSSILLON, UN DOMESTIQUE.

LE DOMESTIQUE.

Eh bien! qu'est-ce que c'est? Vous faites un tapage... on dirait que le feu est au château.

ROUSSILLON, *à part.*

Tiens! il a une idée, ce gaillard-là... c'est un moyen pour m'esquiver auquel je n'avais pas encore pensé.

LE DOMESTIQUE.

Qu'est-ce que vous dites?

ROUSSILLON.

Je dis, mon louleu, que puisque ton maître est si lent à rentrer, j'aimerais autant aller l'attendre dehors.

LE DOMESTIQUE.

Il sera ici dans un quart d'heure.

ROUSSILLON.

D'où le sais-tu?

LE DOMESTIQUE.

Du chasseur de M. le baron, qui est revenu sur le cheval de M. Jules, et qui a pris les devans sur la voiture.

ROUSSILLON, *à part.*

Bon! il paraît que mon poulet a opéré! (*Haut.*) Et ce laquais n'a rien apporté pour moi?

LE DOMESTIQUE.

Mille pardons, il a apporté l'ordre exprès de vous casser les reins si vous tentiez de vous échapper.

ROUSSILLON.

Ah!

LE DOMESTIQUE.

Qu'en dites-vous?

ROUSSILLON.

C'est une attention qui prouve combien le baron désire me voir! Et il n'y a pas autre chose qui me concerne?

LE DOMESTIQUE.

Du reste, il nous est ordonné d'avoir les plus grands égards pour vous.

ROUSSILLON.

Eh bien! apporte-moi une bouteille d'égards, et soignée.

LE DOMESTIQUE.

Plaît-il?

ROUSSILLON.

Et meilleur que celui-ci.

LE DOMESTIQUE.

Comment! vous voulez encore du vin! voilà déjà la seconde bouteille...

ROUSSILLON.

Et ça fera la troisième!... N'aie pas peur, tu diras à M. le Baron de les rabattre sur mon compte.

LE DOMESTIQUE.

Voulez-vous encore du Bourdeaux?

ROUSSILLON.

Merci. Tu n'aurais pas du vin de la barrière?

LE DOMESTIQUE.

Qu'est-ce que c'est que ce crû-là?

ROUSSILLON.

Crû ou cuit, ça m'est égal, pourvu que ça se sente boire; mais ton Bordeaux, ça ne gratte pas du tout à la gorge, c'est de la vraie lavasse.

LE DOMESTIQUE.

Vous êtes difficile! Du vin a cent sous la bouteille...

ROUSSILLON.

Cent sous, cette loque de vin! Comme on les doue, ces bourgeois!... Tiens, apporte-moi plutôt plusieurs espèces de petits verres... il y a chance que ça m'ira mieux.

LE DOMESTIQUE.

C'est bon!

Le Domestique sort.

SCENE III.

ROUSSILLON, *seul.*

Diable! diable! me casser les reins si je tente de fuir! ce n'est pas adroit! Monsieur le baron, vous chauffez trop vite le four. Ah! vous voulez me faire casser les reins!... Vous avez donc bien peur que je m'en aille? ceci commence à me rassurer... Et il envoie un chasseur en courrier, et il revient au galop... J'ai demandé trop peu, dix mille francs!... Allons donc! c'est une bêtise! c'est quinze mille francs qu'il me faut! Qu'est ce que je dis, quinze mille? C'est... (*On entend le bruit d'une voiture; il va à la fenêtre.*) C'est lui! il est avec le jeune homme... Hum! il n'a pas l'air commode... ça sera peut-être plus dur à arracher que je ne pensais. Je ne sais pas; mais je croyais que c'était quelque vieux a ailes de pigeons et doux à plumer comme miel! (*Le Domestique paraît.*) C'est le baron qui vient d'arriver?

LE DOMESTIQUE.

C'est lui!

ROUSSILLON.

Et il ne vient pas?

LE DOMESTIQUE.

Non; il s'est arrêté en bas pour écrire un mot. Voilà ce que vous avez demandé.

ROUSSILLON.

Merci. Et qu'est-ce qu'il a écrit, ton baron?

LE DOMESTIQUE.

Je ne sais pas... mais il a dit à un domestique de monter à cheval pour aller à Lille, chez le procureur du roi.

ROUSSILLON, *épouvanté.*

Chez le procureur du roi!

LE DOMESTIQUE.

Qu'avez-vous donc?

ROUSSILLON.

Rien, rien... C'est ce Bordeaux qui m'a tout affadé le cœur... Je vas me remettre un peu. (*Le Domestique sort, Roussillon se verse un petit verre et boit.*) C'est que c'est vrai, je crois que j'ai eu peur. (*Autre petit verre.*) Allons donc, Roussillon! (*Autre petit verre.*) Un peu de toupet, mon fils! (*Autre petit verre.*) Voilà qui me remet. (*Il en boit deux autres, et près de se verser à boire, il regarde la bouteille et la remet.*) Et d'abord, mettons le trésor à l'abri d'une visite domiciliaire... (*Après avoir regardé de tous côtés.*) Là, dans le manteau de la cheminée, en plein juillet, il n'y a pas à craindre qu'on le grille. (*Il cache les papiers dans la cheminée.*) C'est fait! Encore un coup... encore... non; ni trop, ni trop peu... en voilà assez. (*Il pose la bouteille.*) Faut voir clair pour marcher droit, et ne pas bredouiller pour s'entendre... D'ailleurs, si je suis dans la souricière, je n'ai pas encore mordu au lard, et tant qu'il n'aura pas le papier en question, la trappe ne s'abaissera pas.

SCENE IV.

ROUSSILLON, M. DE MONNERAIS, JULES.

M. DE MONNERAIS.

C'est vous, monsieur, qui avez eu l'impudence de m'écrire le billet que j'ai trouvé dans ma cassette?

ROUSSILLON.

C'est moi qui ai eu cette attention délicate.

M. DE MONNERAIS.

Savez-vous que je puis vous faire arrêter?

ROUSSILLON.

C'est vrai' car vous avez écrit au procureur du roi.

M. DE MONNERAIS.

Et vous n'avez pas tremblé?

ROUSSILLON.

Si, si, j'ai tremblé, mais pour vous.

JULES.

Pour mon père!... Drôle!

M. DE MONNERAIS, *après un moment de silence.*

Laissez-nous, Jules. (*A part.*) Cet homme est plus dangereux que je ne pensais.

JULES.

Mais, mon père, vous voulez rester seul avec un pareil misérable?

M. DE MONNERAIS.

Je n'ai rien a craindre de lui.

ROUSSILLON.

Ni moi rien à craindre de monsieur votre père; vous pouvez être tranquille, jeune homme.

Jules sort.

SCENE V.

ROUSSILLON, M. DE MONNERAIS.

M. DE MONNERAIS.

Ah! tu crois donc n'avoir rien à craindre de moi?

ROUSSILLON.

Pour le moment, j'en suis sûr; plus tard, je ne dis pas.

M. DE MONNERAIS.

Et pourquoi pas maintenant?

ROUSSILLON.

C'est que maintenant, voyez-vous, j'ai en ma possession quelque chose qui pourrait bien vous envoyer aux galères, tout baron que vous êtes.

M. DE MONNERAIS.

Misérable!

ROUSSILLON.

Si votre fils avait été là, je ne vous aurais pas dit ça... j'ai des procédés et des principes... Je sais qu'il ne faut pas humilier les pères devant les enfans; mais nous sommes seuls, j'ai d'autres affaires que la vôtre à terminer, et vous m'avez déjà fait perdre assez de temps. Acceptez-vous ma proposition?

M. DE MONNERAIS.

Mais avant de faire un pareil marché, il faut que je sache ce que tu veux me vendre.

ROUSSILLON.

Oh! le catalogue n'est pas long... deux chiffons de papier .. Primo, une lettre de M. le comte de Monnerais, votre frère, qui...

M. DE MONNERAIS, *l'interrompant.*

Bien!

ROUSSILLON.

Bien!... Secondo, une déclaration datée du village de Saunoy, et signée de la marquise Laura de Gèvres et du chirurgien qui l'a accouchée, attestant...

M. DE MONNERAIS.

Assez, assez.

ROUSSILLON.

Ça n'est pas gros, mais c'est superfin, et je ne vous ai pas surfait en vous demandant quinze mille francs.

M. DE MONNERAIS.

Tu as dit dix mille.

ROUSSILLON.

J'ai dit ça, moi?

M. DE MONNERAIS.

Si tu ne l'as pas dit, tu l'as écrit.

ROUSSILLON.

C'est possible; mais comme je ne sais pas l'orthographe, j'ai pu me tromper... mais c'est quinze mille que j'ai voulu mettre.

M. DE MONNERAIS.

Quinze mille, soit.

ROUSSILLON.

En or.

M. DE MONNERAIS.

En or?

ROUSSILLON.

Oui, et le plus tôt sera le mieux.

M. DE MONNERAIS, *après un moment de réflexion.*

Tu dois bien penser qu'on n'a pas chez soi quinze mille francs en or... Dis-moi l'endroit où sont ces papiers, et je te donnerai un bon sur mon banquier à Lille.

ROUSSILLON.

C'est pas ça...

M. DE MONNERAIS.

Comment ce n'est pas ça?

ROUSSILLON.

J'ai une autre manière que je préférerais.

M. DE MONNERAIS.

Laquelle?

ROUSSILLON.

Donnez-moi les quinze mille francs, et je vous dirai où sont les papiers quand j'aurai quitté le pays.

M. DE MONNERAIS.

Et tu me crois assez niais pour me fier à toi quand tu auras l'argent?

ROUSSILLON.

La confiance ne se commande pas, n'en parlons plus; cherchons autre chose.

M. DE MONNERAIS.

Il est bien plus simple de me dire où sont ces papiers, et je t'enverrai ton salaire.

ROUSSILLON.

Et vous me croyez assez godiche pour croire...

M. DE MONNERAIS.

Misérable!

Ici on voit se déplacer la corde du badigeonneur et celui-ci paraît. Le jour baisse.

ROUSSILLON.

C'est que c'est difficile de s'entendre quand on a une égale confiance l'un dans l'autre.

M. DE MONNERAIS.

Il faut pourtant en finir.

ROUSSILLON.

Je suis tout aussi pressé que vous.

M. DE MONNERAIS.

Quel danger as-tu à courir de ma part, puisque tu as ces papiers?

ROUSSILLON.

De votre part, non... mais, entre nous, je ne me soucie pas de flâner long-temps dans les environs...

M. DE MONNERAIS.

En effet, j'y pense... C'est toi qui as volé les Lombard...

ROUSSILLON.

Bah! on les a volés?... Eh bien! monsieur le baron, ils sont assez mauvaises langues pour avoir été dire à la police que c'était moi, et la police sera peut-être assez bon enfant pour les croire.

M. DE MONNERAIS, *à part.*

S'ils te faisaient arrêter je serais perdu.

ROUSSILLON, *à part.*

S'ils m'empoignent, je suis flambé!

M. DE MONNERAIS.

Allons, voyons, il s'agit de prendre un parti...

ROUSSILLON.

Eh bien ! tenez, croyez-moi, si nous voulons arriver, partons d'un principe : donnant, donnant.

M. DE MONNERAIS.

Soit ! Où veux-tu que je te retrouve?

ROUSSILLON.

Je n'ai pas encore arrêté d'appartement, et d'ailleurs je ne voudrais pas vous déranger... (*A part.*) Et j'ai besoin de repasser par ici.

M. DE MONNERAIS.

Mais enfin que veux-tu?

ROUSSILLON.

Tenez, je suis bon homme, et je n'y mets pas tant de finesse.

M. DE MONNERAIS.

Voyons.

ROUSSILLON.

Ce soir, à dix heures dans le château.

M. DE MONNERAIS.

Tu oserais y rentrer?

ROUSSILLON.

J'ai bien osé y venir. Mon argent seraprêt?

M. DE MONNERAIS.

Et tu apporteras les papiers?

ROUSSILLON.

Vous les aurez. (*A part.*) Quand je les [illegible] repris.

M. DE MONNERAIS, *à part.*

Enfin, il se livre à moi!

ROUSSILLON, *à part.*

Tant pis pour lui s'il rechigne ou s'il fait le méchant; ce soir il y aura ici quelqu'un qui me le paiera plus cher que lui.

SCENE VI.

JULES, ROUSSILLON, M. DE MONNERAIS.

JULES.

Mon père, la voiture de Mme de Gèvres vient d'arriver... La comtesse vous a demandé, on lui a dit que vous étiez ici, elle va venir.

M. DE MONNERAIS.

Il ne faut pas qu'elle voie cet homme.

JULES.

Voici également la réponse du procureur du roi.

ROUSSILLON.

Au fait, c'est vrai, j'avais oublié...

M. DE MONNERAIS.

Je puis te la montrer, et te prouver qu'elle ne te concerne pas.

ROUSSILLON.

Je vous le conseille; car si vous le faisiez venir pour moi, il pourrait bien être arrivé pour vous.

M. DE MONNERAIS, *à Jules.*

Retiens Mme de Gèvres un instant... toi, suis-moi, je vais te conduire par ce passage.

ROUSSILLON.

Ne vous dérangez pas, je connais les êtres.

M. DE MONNERAIS.

Il faut que je te donne la clef du petit bois pour rentrer au château.

ROUSSILLON, *à part.*

Pas si bête de le quitter, pour rencontrer les Lombard!

M. DE MONNERAIS.

Viens, viens, tu n'as pas de temps à perdre.

ROUSSILLON.

Je n'ai pas loin à aller.

Ils sortent.

SCENE VII.

JULES, *seul un moment; puis* Mme DE GÈVRES, EUGÉNIE *et* JULIENNE. *Un domestique apporte des lumières.*

JULES.

Il était temps... voici Mme de Gèvres... Ah! la cousine de M. Victor l'accompagne.

EUGÉNIE, *à Julienne.*

Pourvu qu'elle ait le courage de faire ce qu'elle vous a promis!

JULIENNE.

N'est-elle pas la maîtresse ici?

EUGÉNIE.

Oui; mais si vous saviez comme elle craint mon tuteur!

Mme DE GÈVRES, *à Jules.*

On m'avait dit que je trouverais M. de Monnerais dans ce salon.

JULES.

Vous voyez, madame, qu'on vous a trompée...

Mme DE GÈVRES.

Je vois, monsieur, qu'il évite ma présence.

JULES.

Vous pouvez être assuré que dès qu'il connaîtra votre désir de le voir, il s'empressera de s'y rendre.

Mme DE GÈVRES.

Tu vois, Eugénie, il ne se cache point

EUGÉNIE.

Mais il était ici, il est sorti.

Mme DE GÈVRES.

Entrez chez lui, monsieur, et veuillez l'avertir que je l'attends.

JULES.

Mon père n'est pas chez lui, madame.

EUGÉNIE.

Il vous trompe, je suis sûr qu'il est avec cet homme.

Mme DE GÈVRES.

Vous dites que M. de Monnerais n'est pas chez lui; c'est ce dont je vais m'assurer.

SCENE VIII.

Les Mêmes, M DE MONNERAIS.

M. DE MONNERAIS, *paraissant à la porte du fond.*

C'est inutile, madame!

Mme DE GÈVRES, *bas à Eugénie.*

Il avait raison, tu vois?

EUGÉNIE.

Du courage, ma mère.

M. DE MONNERAIS, *à part.*

Maintenant, il faut frapper un coup désisif et en finir de ce côté. Jules, allez tout faire préparer pour notre départ, nous quittons le château ce soir même.

Mme DE GÈVRES.

Vous quittez ce château, monsieur?

M. DE MONNERAIS.

Je n'y puis demeurer plus long-temps, en présence des soupçons que vous m'avez montrés et en compagnie des nouveaux amis dont il vous plaît d'écouter les indignes suggestions; je ne puis non plus laisser ma pupille exposée a des intrigues qui ont pour but de lui enlever sa fortune, et auxquelles votre crédulité, madame, prête un appui dangereux.

EUGÉNIE.

Je vous remercie de votre protection, monsieur; mais je ne l'accepte pas.

M. DE MONNERAIS.

Vous me forcerez donc a vous l'imposer: car j'ai résolu que dès ce soir vous quitterez le château avec moi.

EUGÉNIE.

Me séparer de ma mère!

Mme DE GÈVRES.

M'enlever Eugénie!... Ah! monsieur, jamais... jamais... vous ne l'oseriez pas!... vous ne seriez pas si cruel!

M. DE MONNERAIS.

J'avais prévu cette résistance, et j'ai déjà prévenu les magistrats, afin d'obtenir d'eux l'appui nécessaire au maintien de mes droits de tuteur: j'ai une lettre du procureur du roi.

Mme DE GÈVRES.

Quoi! monsieur, dans ma maison, une violence!

M. DE MONNERAIS.

Un acte légal, madame.

Mme DE GÈVRES.

Et vous auriez recours a un pareil éclat?

M. DE MONNERAIS.

Je puis encore vous l'épargner, si vous voulez me permettre d'avoir avec ma pupille un entretien qui la persuadera, j'en suis sûr, de la nécessité d'écouter mon avis. De cette façon, madame, je ne vous enlèverai pas votre petite-fille.

EUGÉNIE.

O ma mère, vous ne le permettrez pas!

Mme DE GÈVRES.

Il en a le droit, mon enfant, et alors je resterai seule... toute seule...

EUGÉNIE.

Mais, ma mère...

Mme DE GÈVRES.

Il faut d'abord l'écouter... c'est ton devoir; je ne te demande pas de te sacrifier... mais songe à ta pauvre vieille grand'mère... Sois soumise; je te laisse un moment avec lui; je vais venir te reprendre.

EUGÉNIE, *à Julienne.*

Ce que je craignais est arrivé sa; volonté n'a duré qu'un moment, et l'ascendant de mon tuteur l'a emporté facilement!

JULIENNE.

Mais vous...

EUGÉNIE.

Oh! moi!... je résisterai... je vous jure... n'eussé-je que moi pour me protéger.

JULIENNE, *à part.*

Oh! oui, elle l'aime bien.

Mme DE GÈVRES.

Reste, mon enfant... songe que, si tu devais partir, je n'aurais plus qu'à mourir.

EUGÉNIE, *à Julienne.*

Je vous en prie, ne la quittez pas.

SCENE IX.

EUGENIE, M. DE MONNERAIS.

M. DE MONNERAIS.

Eugénie, c'est parce que je sais que vous avez plus de volonté et de raison qu'on n'en a ordinairement a votre âge, que j'ai voulu vous parler seule.

EUGÉNIE.

Je vous écoute, monsieur...

M. DE MONNERAIS.

Vous avez été trop souvent témoin des scènes violentes qui avaient lieu entre moi et votre père, pour ne pas comprendre qu'il y avait dans ses obligations envers moi un mystere qui devait toucher a sa fortune et à son honneur...

EUGÉNIE.

Monsieur, je respecte sa mémoire, et je ne permettrai a personne, pas même a vous, de l'insulter devant moi...

M. DE MONNERAIS.

C'est parce que je pense que vous voulez que tout le monde la respecte que j'espère que vous ne voudriez pas la voir déshonorer publiquement.

EUGÉNIE.

Si vous aviez ce pouvoir, ce que je ne crois pas, vous n'oublieriez pas que son nom est le vôtre, et que vous seriez le premier a subir la flétrissure que vous lui jetteriez. Que Dieu me pardonne ce que je vais vous dire; mais je suis sûre que si mon père a quelque faute à se reprocher,

Il n'a d'autre complice que vous, et vous êtes trop prudent pour porter une accusation dont vous prendriez la moitié...

M. DE MONNERAIS.

Vous oubliez que vous parlez à votre tuteur?...

EUGÉNIE.

Vous oubliez, monsieur, que c'est de mon père que vous parlez.

M. DE MONNERAIS.

Eugénie.

EUGÉNIE.

Vous êtes le maître d'agir maintenant...

M. DE MONNERAIS.

Mais si je n'en étais plus le maître?...

EUGÉNIE.

Que voulez-vous dire?...

M. DE MONNERAIS.

Si votre honneur, votre fortune, dépendait de ces misérables qu'encourage la crédulité de votre mère et votre folle inexpérience.

EUGÉNIE.

Mais enfin, monsieur, ces papiers dont on vous offrait de vendre la restitution dix mille francs et que vous paraissiez si ardent à reprendre ?

M. DE MONNERAIS.

Ils sont les preuves du crime de votre père soustraites par eux avec cette cassette et ces diamans que je n'ai pas voulu reconnaître par pitié pour un homme qui vous avait sauvé la vie.

EUGÉNIE.

Non, monsieur, ils sont la preuve de l'existence de l'héritier du marquis de Gèvres.

M. DE MONNERAIS.

L'héritier du marquis de Gèvres a disparu, et vous savez aussi bien que moi à qui la disparition a pu profiter.

EUGÉNIE.

Quoi! vous osez accuser mon père?

M. DE MONNERAIS.

Ne m'en demandez pas davantage, ne me forcez pas a dire ce que votre cœur aurait horreur d'entendre.

EUGÉNIE.

Mais si cet héritier existe, et si véritablement c'est un de ces jeunes gens?

M. DE MONNERAIS.

Quoi! Eugénie, vous aussi? .. que M. de Gèvres, dont l'âge peut excuser la crédulité, croie à cette fable; mais vous? il faut que la passion vous aveugle bien pour n'avoir pas déja deviné le secret de cette intrigue. Mais pensez-vous que des hommes dont l'un est assez adroit pour se faire passer pour un homme du monde n'aient pas compris tout le parti qu'ils pouvaient tirer de la possession de ces papiers? et leurs prétentions ne se sont-elles pas déja montrées ?

EUGÉNIE.

Quoi! vous osez penser...!

M. DE MONNERAIS.

Malheureusement pour eux, ces papiers sont restés dans les mains de leur complice... qu'ils ont voulu perdre pour agir plus sûrement en l'accusant d'un vol d'argent qui n'a pas été commis.

EUGÉNIE.

Mais tant de duplicité est impossible!...

M. DE MONNERAIS.

Et ce qu'il faut que vous sachiez aussi, c'est que, cette preuve, je ne la possède pas encore, et que leur complice ne doit me la livrer que ce soir, et que si d'ici là ils parviennent à s'en ressaisir, vous ne pourrez savoir à quel prix ils vous la vendront.

EUGÉNIE.

Mais c'est affreux!

M. DE MONNERAIS.

Et jugez de ce qui peut arriver si dans ce honteux trafic d'accusations, ces preuves tombaient dans les mains de l'autorité, car alors personne ne pourrait arrêter le cours de la justice .. l'honneur de votre père serait flétri...

EUGÉNIE.

Flétri!... l'honneur de mon père!...

M. DE MONNERAIS.

Vous n'en doutez pas, vos souvenirs vous l'assurent... ses craintes vous épouvantent encore.

EUGÉNIE.

Oh! monsieur, monsieur.

M. DE MONNERAIS.

D'une autre part, M. Victor sera arrêté et condamné...

EUGÉNIE.

Lui aussi!!!

M. DE MONNERAIS.

Eh bien! tout peut se réparer... Que ces misérables renoncent à la possession de ces papiers, et dans une heure je les obtiens de leur complice. Qu'ils cessent leur poursuite, et je préviens la plainte portée contre eux; mais a tout cela il y a une condition, c'est que votre contrat sera signé ce soir même, et que votre mariage sera célébré dans quinze jours. Maintenant, réfléchissez, il y va de l'honneur de votre père.. du vôtre... il y va du salut de celui à qui vous avez accordé une préférence insensée, c'est a vous de prononcer ..

EUGÉNIE.

Ah! malheureux .. malheureux!..

M. DE MONNERAIS.

Eh bien! Eugénie, le temps presse, un moment de retard peut tout perdre.

EUGÉNIE.

O mon père, votre mémoire ne sera pas flétrie: j'obéirai, monsieur, j'obéirai ..

M. DE MONNERAIS.

Dites-le donc a votre mère, qui revient près de vous; et faites en sorte que je n'aie pas à me montrer plus sévère que je ne veux l'être...

SCÈNE X.

EUGÉNIE, *seule*.

Il me trompe! je le sens .. mais ma tête s'égare dans cet affreux dédale de crimes et de perfidies. . Mais qu'importe, puisque c'est moi seule qui en serai la victime?...

SCENE XI.

EUGÉNIE, Mme DE GÈVRES, JULIENNE.

Mme DE GÈVRES.

Eh bien! Eugénie!!!

JULIENNE.

Eh bien! mademoiselle!

EUGÉNIE.

Il faut obéir, ma mère... il faut céder.

Mme DE GÈVRES.

Que veux-tu dire?

JULIENNE.

Et Victor?

EUGÉNIE.

Tout cela est un crime... une intrigue odieuse!

Mme DE GÈVRES.

Serait-il possible!

JULIENNE.

Mademoiselle...

EUGÉNIE.

Oh! je ne le dis pas, moi... mais mon tuteur... enfin... j'épouserai M. Jules... et vous, dites à votre oncle, à ses fils de cesser une poursuite inutile et coupable.

JULIENNE.

Coupable! dites-vous? ah? j'en ai assez entendu.

SCENE XII.

VICTOR, LOMBARD, Mme DE GÈVRES, EUGÉNIE, JULIENNE.

LOMBARD.

On n'a pas vu Roussillon à l'auberge du Vieux-Cerf.

VICTOR.

Ni à la Tête-Noire... Je ne sais que penser. Mais où est Auguste?

JULIENNE, *courant vers eux.*

Ah! mon oncle... Victor, tout cela est inutile... quittons cette maison; allons-nous-en; vous n'avez plus ici que des ennemis.

LOMBARD, VICTOR.

Des ennemis?...

EUGÉNIE.

Oh! non... non, mais il faut renoncer à vos projets.

LOMBARD.

Renoncer à nos projets!

JULIENNE.

On vous soupçonne maintenant.

EUGÉNIE.

Cet homme qui a écrit à mon tuteur... votre complice veut vous dénoncer.

LOMBARD.

Notre complice!

EUGÉNIE.

Et vous, Victor, fuyez! fuyez!...

VICTOR.

Fuir!

LOMBARD.

Restons, alors.

VICTOR.

Quoi! vous aussi, Eugénie!

JULIENNE.

Oui... elle, qui se disait si forte contre son tuteur; elle que vous disiez vous aimer!...

EUGÉNIE.

Oh! ne m'accusez pas et plaignez-moi... vous êtes innocens, je le crois; mais si vous saviez... (*A Victor.*) Victor, je vous l'ai dit; il s'agit de l'honneur de mon père.

VICTOR.

De l'honneur de votre père!... mais nous saurons le défendre.

EUGÉNIE.

Il n'y avait qu'un moyen de le sauver, et j'ai promis...

VICTOR.

Vous avez promis?

EUGÉNIE.

J'ai promis d'épouser M. Jules.

VICTOR.

Vous avez promis de l'épouser... ah! alors... venez, venez, mon père; je ne veux pas que le déshonneur d'un autre soit le marchepied de notre fortune; je renonce à un avenir d'où le bonheur s'est enfui.

LOMBARD.

Mais ce n'est pas tout pour moi!... j'ai dit la vérité; tant pis pour ceux qu'elle peut compromettre!

VICTOR.

Mon père, je porte votre nom, et je n'en veux plus d'autre... venez, venez.

SCENE XIII.

LES MÊMES, AUGUSTE, *sautant de la fenêtre dans la chambre, en blouse.*

Chut! si tu y renonces, j'en veux, moi!

TOUS.

Qu'est-ce que c'est que ça?

AUGUSTE.

Moi...

VICTOR.

Auguste...

LOMBARD.

Dans cet état...

AUGUSTE.

Oui, je vous avais promis de ne pas les quitter; mais quand je les ai vus entrer dans l'allée du château, j'ai compris que je n'y serais pas facilement admis... je ne savais plus que faire; mais le bon Dieu n'est pas bon Dieu pour rien... voilà que je vois passer Lorrain, le badigeonneur... Tiens! lui dis-je, voilà dix francs, et je fais ta journée; donne-moi ta blouse, ta culotte, ton bonnet; il accepte; j'entre, et voilà trois heures que je badigeonne.

LOMBARD.

Mais pourquoi?...

AUGUSTE.

Pour mieux entendre... quand on badigeonne, on peut grimper sur un balcon... si la fenêtre est ouverte, on peut y passer le bout de l'oreille, on écoute, on entend...

LOMBARD.

Mais qu'as-tu entendu ?

AUGUSTE.

J'en ai assez entendu pour mon plan...(*Il écoute.*) Voici M. de Monnerais, Roussillon va venir, cachez-vous, bon courage, Victor .. je tiens le renard dans son terrier; va faire sentinelle en bas.

EUGÉNIE.

Oh! dites-lui qu'il y va de l'honneur de mon père.

AUGUSTE.

Si ce n'était pas ça, je ne descendrais pas à l'ignoble comédie que je vais jouer.

LOMBARD.

Quel est ton projet?

AUGUSTE.

Je n'ai pas le temps de vous l'expliquer, allez !...

VICTOR.

Et toi?

Ils sortent tous par la porte de gauche

AUGUSTE, *à lui-même.*

Moi, j'a. mon affaire ici... j'ai besoin d'y voir de près.

Auguste ressort par la fenêtre et s'attache à la corde.

SCENE XIV.

AUGUSTE, M. DE MONNERAIS, JULES.

M. DE MONNERAIS.

Une heure encore avant que cet homme n'arrive; la nuit sera tout-à-fait close, et il pourra entrer dans le château sans qu'on l'aperçoive. Fermez toutes les portes... retirez les clefs. (*Jules ferme; il va à une porte d'angle.*) Pas celle-ci, c'est par là que cet homme doit arriver pour entrer dans mon cabinet.

JULES.

Vous lui avez donc donné la clef du petit parc?

M. DE MONNERAIS.

Oui. Et maintenant suivez-moi. Vous oubliez cette fenêtre...

JULES.

Cet homme ne fera que passer dans ce salon pour venir dans votre cabinet, et il est inutile...

M. DE MONNERAIS, *sortant avec son fils.*

N'importe, fermez-la... Je n'ai rien oublié?

AUGUSTE, *passant la tête par un carreau.*

Tu as oublié le vasistas. (*Il passe son bras, tourne l'espagnolette et entre.*) Et maintenant, à nous deux, maître Roussillon! Il n'a pas quitté le château, et alors, ou il a un papier sur lui, ou il l'a caché quelque part. Il insistait trop pour y revenir; il est trop fin pour s'être remis dans la gueule du loup sans nécessité. Diable! ils ont emporté les clefs... c'est égal! (*Il écoute.*) On vient... ce doit être lui. A mon poste, et ne le perdons pas de vue!

Il reprend sa place.

SCENE XV.

AUGUSTE, *en dehors*. ROUSSILLON.

ROUSSILLON.

J'arrive de bonne heure, mais je n'ai pas de temps à perdre.

AUGUSTE.

C'est bien lui.

ROUSSILLON.

Reprenons d'abord mon affaire.

AUGUSTE.

Il ne faut pas qu'il m'échappe.

Il saute dans la chambre.

ROUSSILLON.

Qu'est-ce que c'est que ça?

AUGUSTE.

Tu ne me reconnais pas...

ROUSSILLON.

Auguste! (*Il veut le prendre à la gorge.*) Ah! tant pis pour toi!

AUGUSTE.

A bas les mains, et écoute-moi!

Il renverse Roussillon.

ROUSSILLON.

Eh bien! qu'est-ce qu'il y a?... qu'est-ce que tu veux ?

AUGUSTE.

Il y a que je suis poursuivi comme ayant volé les diamans que tu m'as vendus.

ROUSSILLON.

Tiens ! cette idée de la justice!

AUGUSTE.

Ce que je veux?... c'est que tu as une bonne affaire, et que j'en veux la moitié.

ROUSSILLON.

La moitié?

AUGUSTE.

Allons, voyons... tu as grinché l'argent de mon père... tu viens ici vendre des papiers au baron. . je veux la moitié du marché, sinon...

ROUSSILLON.

Sinon...

AUGUSTE.

Sinon j'appelle, je te fais arrêter, et tu verras ce qui te restera de tes quinze mille francs.

ROUSSILLON.

Mille tonnerres!... Et d'où sais-tu tout ça?

AUGUSTE.

Regarde le costume; j'ai tout vu, tout entendu.

ROUSSILLON.

Ah çà! voyons, entendons-nous. Aussi, est-ce que, par hasard...

AUGUSTE.

Eh bien! oui, c'est dur de voir regarder dans

ses affaires pour ce qu'on n'a pas fait... mais enfin c'est comme ça... tu comprends bien que ce n'est pas avec ma paie que je faisais si souvent la noce. Or, j'ai demandé du crédit à plus d'une bonne maison, et ça, en sous-main.

ROUSSILLON.

Bah! je m'en suis quelquefois douté, mais tu n'as pas eu de confiance.

AUGUSTE.

Autant que toi. Toujours est-il que je commence et toujours est-il qu'il faut que je m'esbigne, et rapidement. C'est toi qui m'as compromis, c'est à toi à me tirer d'affaire.

ROUSSILLON.

Et tu veux la moitié?

AUGUSTE.

Oui, la moitié de ce que tu vas demander; car je te préviens d'une chose, c'est que tu es floué, mon cher.

ROUSSILLON.

Comment, floué?

AUGUSTE.

Eh! oui, floué... et je peux te faire faire un bien meilleur marché, moi!

ROUSSILLON.

Comment ça?

AUGUSTE.

Tu vas vendre à M. de Monnerais un papier qui dit que la marquise de Gèvres est accouchée au village de Saunoy d'un garçon.

ROUSSILLON.

Oui, mais qui t'a dit..?

AUGUSTE.

J'en sais bien d'autres... tu t'imagines, toi, que M. de Monnerais ne veut avoir ce papier que pour sauver son honneur?

ROUSSILLON.

Il y a assez de quoi le compromettre; car ce papier dit que M. de Monnerais a abandonné la pauvre femme, et qu'elle a fait cette déclaration entre les mains du chirurgien, pour qu'on puisse reconnaître cet enfant.

AUGUSTE.

Et cet enfant?..

ROUSSILLON.

Il doit être mort. Quand le baron, poursuivi par les Prussiens, est retourné du côté de la cabane, et qu'il a trouvé sur le seuil le chirurgien qui venait d'être tué et qui tenait encore ce papier à la main, comme je l'ai lu dans la lettre de son frère, il aura expédié le petit.

AUGUSTE.

Erreur!... le petit existe.

ROUSSILLON.

Bah!

AUGUSTE.

Et je le connais.

ROUSSILLON.

Toi?

AUGUSTE.

Et penses-tu que si tu allais lui vendre un papier qui lui rendrait le titre de marquis de Gèvres et une immense fortune, il ne te paierait pas çà trente mille, quarante mille francs?

ROUSSILLON.

C'est possible, mais le marché est fait... et je n'ai pas le temps de recommencer.

AUGUSTE.

Il ne faut pour ça qu'une minute. Mme de Gèvres est en bas... tu as ces papiers sur toi?

ROUSSILLON.

Eh! non.

AUGUSTE.

Comment?

ROUSSILLON.

C'est-à-dire, oui, je les ai.

AUGUSTE, *à part.*

Il ne les a pas.

ROUSSILLON.

Et maintenant que je suis ici, je ne suis pas le maître.

AUGUSTE.

Allons donc, tu n'as pas plus de ressource que ça?... c'est pourtant bien simple : tu me remets ce papier, je reprends mon poste en dehors, et je ne le lâche que lorsque tu as tes trente mille francs.

ROUSSILLON.

C'est-à-dire que tu files tes nœuds, et que tu vas le vendre à Mme de Gèvres. J'aime mieux te donner la moitié des quinze mille francs. Reprends ta place et laisse-moi seul.

AUGUSTE, *à part.*

Il veut me faire sortir : ils sont cachés ici. (*Haut.*) Eh bien! alors je veux tout ou rien... j'ai mis dans ma tête d'avoir quinze mille francs; je les aurai.

ROUSSILLON.

Eh bien! alors, il n'y aura rien ni pour moi ni pour toi, et quand je devrais déchirer ce papier..

Il fait semblant de chercher dans ses poches.

AUGUSTE.

Déchire donc! je t'en défie.

ROUSSILLON.

Tu m'en défies?... oh! si je te tenais quelque part...

AUGUSTE, *se posant.*

Tâche de me prendre.

ROUSSILLON.

Ah! tu m'as perdu... voici M. de Monnerais.

AUGUSTE.

M. de Monnerais!.. où me cacher?

Il va vers la cheminée.

ROUSSILLON.

Pas par là!

AUGUSTE, *à part.*

J'en étais sûr, c'est là qu'il a mis les papiers.

ROUSSILLON.

Allons, file.

AUGUSTE.

Attends, qu'on ne vole pas.

Il souffle la bougie.

ROUSSILLON.

Y es-tu ?

AUGUSTE, *crie à la fenêtre.*

Oui.

Aussitôt il se jette à quatre pattes, et se glisse vers la cheminée. Roussillon ferme la fenêtre.

SCENE XVI.

AUGUSTE, M. DE MONNERAIS, ROUSSILLON.

M. DE MONNERAIS.

Qui est là?

ROUSSILLON.

Moi!

M. DE MONNERAIS.

Eh bien! hâtons-nous; je vais te chercher ton argent. (*Il ressort.*) Maintenant, je suis sauvé!

ROUSSILLON.

Prenons mes papiers. Je tiens donc mes quinze mille francs; et pour ce qui en reviendra à Auguste... (*Il va à la cheminée, et il sent les jambes d'Auguste.*) Ah! gredin!...

AUGUSTE, *bas.*

Pas un seul mot, ou j'avale le trésor.

M. DE MONNERAIS, *entrant.*

Roussillon.

ROUSSILLON, *bas à Auguste.*

Va donc pour les trente mille francs

M. DE MONNERAIS, *entrant avec une bougie.*

Eh bien! où sont ces papiers?

ROUSSILLON.

Où est mon argent, d'abord?

M. DE MONNERAIS.

Mon argent?.. As-tu pensé un moment que je souscrirais à cet infâme marché?

ROUSSILLON.

Qu'est-ce que ça veut dire?

M. DE MONNERAIS.

Que, si tu ne me rends pas ces papiers, je te fais sauter la cervelle!

AUGUSTE, *accroupi derrière la table, bas.*

Tu vois.. tu vois...

ROUSSILLON.

Me faire sauter la cervelle! mais c'est un assassinat!

M. DE MONNERAIS.

Tu t'es introduit ici comme un voleur!... je te surprends! et c'est en me défendant que je t'aurai frappé... je ne crains plus rien!... Allons, vite, obéis.

ROUSSILLON, *bas à Auguste.*

File à la fenêtre (*Haut.*) C'est comme ça?.. Eh bien! ces papiers, je ne les ai pas.

M. DE MONNERAIS.

Tu ne les as pas?

ROUSSILLON, *allant de l'autre côté de la scène.*

Retournez mes poches. . cherchez bien... ils n'y sont pas. Ah! je me doutais de ce que vous vouliez faire, monsieur le baron; entre gens du métier, on est prudent.

M. DE MONNERAIS.

Quoi! tu n'as pas ces papiers?

AUGUSTE.

Non; car les voici.

LE BARON.

Misérable!

AUGUSTE, *ouvrant la fenêtre.*

Pas un geste, pas un pas.

LE BARON.

Oh! j'aurai ta vie, du moins!

AUGUSTE.

Et moi, je jette ce papier à mon frère, à Mme de Gèvres, à tous ceux qui l'attendent en bas.

LE BARON.

O rage!

AUGUSTE.

C'est dur, mais c'est comme ça... maintenant, soyez prudent; tout s'arrangera en famille, sans que personne se doute de rien.

ROUSSILLON.

Nous sommes volés tous les deux.

LE BARON.

Jamais... jamais...

AUGUSTE.

En ce cas, à la garde de Dieu.

M. DE MONNERAIS.

Arrêtez.

VOIX, *en dehors.*

Auguste, est-ce toi? ouvre-nous.

AUGUSTE.

Décidez!... décidez-vous. . et comme je ne peux pas tout faire... Allons! soyez aimable... allez ouvrir la porte à Mme de Gèvres, à mon frère, qui s'ennuient d'attendre.

M. DE MONNERAIS.

Oh! je me vengerai!

AUGUSTE, *à Roussillon.*

Et toi, file dans la bagarre, et va te faire pendre ailleurs.

ROUSSILLON, *ôte la bougie des chandeliers d'argent, la met dans le goulot de la bouteille, et emporte le chandelier en disant :*

Pour voir si on ne m'a pas dérobé l'argent des Lombard.

SCENE XVII.

TOUS, *moins Roussillon.*

Mme DE GÈVRES.

Eh bien! cette preuve, ces papiers...

AUGUSTE.

Les voilà.

Mme DE GÈVRES.

Ah! donnez... donnez...

LOMBARD.

Arrêtez un moment encore, madame!

Mme DE GÈVRES.

Mais pourquoi?

LOMBARD.

Pardon, madame... Vous allez retrouver un fils, et moi, je vais en perdre un.

VICTOR *et* AUGUSTE.

Jamais! jamais!

LOMBARD.

Oui, je crois que vous m'aimerez encore... Mais avant ce moment, si doux pour vous, si cruel pour moi, madame, il faut que tous deux rendent témoignage à votre noble famille, que je ne leur ai jamais appris que la probité, la fidélité à sa parole, le dévouement au malheur, le respect pour la vieillesse et les devoirs les plus rigoureux de l'honneur.

JULIENNE.

Ah! oui, c'est vrai!

LOMBARD.

Et permettez-moi, madame, puisque je puis encore leur parler comme à mes fils, de leur dire que, dans la haute position qui attend l'un d'eux, ces vertus sont encore celles qui honorent le plus celui qui les possède, et que ce qui fait l'honnête homme du peuple fait aussi le noble gentilhomme.

Mme DE GÈVRES.

Vous avez raison, monsieur, et je vous remercie de ces dignes sentimens.

LOMBARD.

Et maintenant... (*il leur tend les bras*) mes enfans... (*il les embrasse*) soyez forts tous deux. Achevez, madame.

Mme DE GÈVRES.

O mon Dieu! quel est mon fils?

JULIENNE *et* EUGÉNIE.

Ce doit être Victor!

Mme DE GÈVRES, *ouvrant le papier.*

Oh! c'est bien l'écriture de l'infortunée Laura, quoique altérée par la souffrance. O mon Dieu! mon Dieu!

VICTOR.

La force me manque.

AUGUSTE.

Ah! je tremble aussi!

Mme DE GÈVRES, *lisant.*

« Prêt à comparaître devant Dieu, abandonnée » dans une cabane où règne la mort... » Pauvre Laura!

EUGÉNIE.

Continuez!

Mme DE GÈVRES.

« Comprenant que l'abandon de M. de Monne» rais est un acte calculé pour faire disparaître » l'enfant que je viens de mettre au monde, as» sistée du chirurgien qui m'a secourue, et que » son devoir force à me quitter, je lui ai confié » ce papier, où je déclare que l'enfant qui est né » de moi... »

TOUS.

Eh bien!

Mme DE GÈVRES.

« Est celui qui porte une incision cruciale. »

TOUS.

Achevez!

Mme DE GÈVRES.

Je ne puis.

M. DE MONNERAIS, *d'une voix forte.*

Est celui qui porte une incision cruciale au bras gauche!

TOUS.

Au bras gauche!

AUGUSTE.

C'est moi!

TOUS.

Lui! Auguste?

VICTOR, *à part.*

Je suis perdu!

EUGÉNIE, *à part.*

Plus d'espoir!

AUGUSTE.

Ça n'a l'air d'enchanter personne!

M. DE MONNERAIS.

Je vous félicite, madame, du fils que vous venez de retrouver et de l'illustration qu'il promet à votre nom.

AUGUSTE.

Faudra voir, monsieur... faudra voir.

ACTE CINQUIEME.

Le salon du second acte.

SCENE PREMIERE.

Mme DE GÈVRES, AUGUSTE.

Mme DE GÈVRES.

Vous me comprenez bien, n'est-ce pas, mon fils?

AUGUSTE.

Oui, ma mère... je suis tout oreilles.

Mme DE GÈVRES.

Vous devez avant toutes choses penser à la grandeur du nom que vous portez, vous souvenir que vous êtes le chef d'une famille dont il faut maintenir la dignité; et pour cela il est nécessaire de rompre les habitudes qui ne feraient que la compromettre.

AUGUSTE.

Quoi, ma mère! vous voulez que j'oublie la reconnaissance que je dois à la famille qui m'a recueilli?

Mme DE GÈVRES.

Cette pensée est loin de moi, mon fils; mais cette reconnaissance, si grande qu'elle soit, doit avoir ses règles... Vous savez les sentimens de M. Victor pour Eugénie : vous devez comprendre que jamais ils ne peuvent avoir d'espérance.

AUGUSTE, *d'un ton dégagé et ironique.*

C'est vrai, ma mère; il ne serait pas convenable que la fille du comte de Monnerais pût penser au fils du menuisier Lombard.

Mme DE GÈVRES.

Surtout, si, comme vous ne l'avez pas oublié, c'est à vous que je la destine... Votre existence, mon fils, lui enlève toute la fortune qu'elle ne possédait qu'en l'absence d'un héritier direct du marquis de Gèvres. Vous comprenez donc que votre mariage avec Eugénie est le seul moyen de lui rendre cette fortune qu'elle a cru long-temps être la sienne; d'ailleurs, je mets tout mon bonheur dans l'accomplissement de cette union; et je suis sûre qu'Eugénie y trouvera le sien.

AUGUSTE, *à part.*

Ça ne m'est pas prouvé. (*Haut.*) Tout cela

me paraît fort juste, et je vous prie de croire que je ne ferai pas honte au nom de Gèvres, et que personne n'aura de reproches à me faire de la façon dont j'entends la noblesse.

Mme DE GÈVRES.

Toutes ces raisons doivent vous faire sentir que la présence de M. Victor dans ce château...

AUGUSTE, *sérieusement*.

Que voulez-vous dire ?

Mme DE GÈVRES, *ironiquement*.

Il est amoureux d'Eugénie !

AUGUSTE, *ironiquement*.

Oui, c'est vrai.

Mme DE GÈVRES.

Il serait donc peu convenant et peut-être dangereux pour son repos et nos projets....

AUGUSTE, *de même*.

Qu'il vînt ici tous les jours lui faire la cour. Nous y mettrons ordre... (*Se levant.*) Je le prierai de nous dispenser de ses visites.

Mme DE GÈVRES.

Il y faut mettre des ménagemens... des précautions que le monde où vous allez entrer vous apprendra aussi.

AUGUSTE.

Laissez faire, laissez faire; je les mettrai très-poliment à la porte. (*A part.*) Faudra voir, faudra voir.

Mme DE GÈVRES.

Quant à M. de Monnerais...

AUGUSTE.

Ah ! celui-là... il a voulu me chasser, et je vais prendre ma revanche.

Mme DE GÈVRES.

Non, mon fils : quels que soient ses torts envers vous, n'oubliez pas qu'il est de notre famille, qu'il porte le nom de Monnerais, et qu'en définitive, il est le tuteur d'Eugénie.

AUGUSTE, *du même ton d'ironie*.

Très-bien, très-bien ! M. de Monnerais est un homme à craindre, et par conséquent à ménager... je lui parlerai avec douceur... avec circonspection... d'ailleurs j'ai besoin de lui.

Mme DE GÈVRES, *à part*.

Il est plus docile et plus raisonnable que je ne pensais.

AUGUSTE, *à part*.

Je vais faire un joli métier... mais tout ce que je pourrais lui dire ne l'amènerait pas à ce que je veux obtenir d'elle ; ayons l'air de lui obéir. Quant à mon père et à Victor, ils me connaissent, ils ne se tromperont pas sur mes intentions.

Mme DE GÈVRES.

Voici M. Lombard avec son fils et sa nièce.

AUGUSTE, *à part*.

Reprenons mon rôle. (*Haut.*) Je vais leur dire leur affaire.

Mme DE GÈVRES, *à part*.

Il va faire quelque gaucherie, quelque imprudence !... (*Haut.*) Vous allez me suivre; je crois que le parti que j'ai à vous proposer sera moins cruel pour eux et pour vous.

AUGUSTE.

Comme il vous plaira ; je m'abandonne à vos conseils.

SCENE II.

Mme DE GÈVRES, AUGUSTE, LOMBARD, VICTOR, JULIENNE.

LOMBARD.

Eh ! bonjour, toi ; voilà une heure que nous te cherchons dans le château.

Mme DE GÈVRES, *bas*.

Vous sentez que ce ton de familiarité...

AUGUSTE.

Sans doute. (*A Lombard.*) Monsieur, j'étais avec ma grand'mère...

VICTOR, *et* JULIENNE.

Monsieur !...

LOMBARD.

Qu'est-ce que ça veut dire ?

VICTOR.

Ah çà ! Auguste...

AUGUSTE.

J'ai aussi à vous parler.

VICTOR.

Eh bien ! parle.

Mme DE GÈVRES.

Plus tard... j'ai encore beaucoup de choses à dire au marquis de Gèvres, et vous nous permettrez d'aller achever ailleurs cet entretien ; dans quelques minutes je vous le rendrai.

AUGUSTE.

Oui, messieurs, je reviens dans un instant.

Ils sortent.

SCENE III.

JULIENNE, LOMBARD, VICTOR.

LOMBARD.

Ah çà !... est-ce que je rêve ?

VICTOR.

C'est Auguste qui vient de nous parler ainsi.

JULIENNE.

Il ne m'a pas seulement regardée.

LOMBARD.

Est-ce que déjà la noblesse et la fortune lui ont porté à la tête?

VICTOR.

Je n'ose le croire.

LOMBARD.

Auguste qui m'appelle monsieur... Auguste qui semble rougir de te tutoyer.

JULIENNE.

Non, c'est impossible : vous savez comme il est bon, loyal... c'est quelque idée...

VICTOR.

Julienne a raison, il ne peut être changé à ce point.

LOMBARD.

Ah ! c'est que vous ne savez pas, vous autres enfans, ce que c'est que la richesse et le pouvoir...

j'en ai tant vu, moi, commencer humbles et petits, grandir rampans et flatteurs, et, une fois arrivés, se retourner et cracher à la face de ceux qui les avaient poussés... que je tremble qu'il ne soit comme tant d'autres! Mais j'avoue que je n'en aurais jamais vu de cette force-là...

JULIENNE.

Tout cela est une plaisanterie. Je vous réponds d'Auguste.

VICTOR.

Oui, je suis sûr de son cœur.

LOMBARD.

Vous avez raison, je suis fou... je connais Auguste... je l'ai élevé... c'est mon enfant, après tout... je l'accuse à tort... il nous aimait autrefois, il t'aimait, Julienne, je le sais, et quand je lui aurai dit nos projets de bonheur, nos rêves d'avenir, il se mettra de moitié avec nous, il nous aidera.

VICTOR.

Ah! mon père, c'est un espoir insensé.

LOMBARD.

Insensé, aujourd'hui sans doute; mais non pas dans un an ou deux... Mlle Eugénie n'est plus riche maintenant... il n'y a donc que la naissance qui vous sépare... Eh bien! tu mettras la fortune de ton côté pour égaliser la balance .. (*Bas.*) Et toi, Julienne, je ne désespère pas de te voir un jour marquise, si tu le veux bien.

JULIENNE.

Moi... quelle folie!

LOMBARD.

Sois donc tranquille! Dieu est juste, nous sommes d'honnêtes gens, et Auguste est des nôtres, malgré son marquisat d'hier.

SCENE IV.

LES MÊMES, UN DOMESTIQUE.

LE DOMESTIQUE.

Pour monsieur Lombard.

LOMBARD.

Une lettre! de quelle part?

LE DOMESTIQUE.

De la part de M. le marquis de Gèvres.

Il sort.

SCENE V.

JULIENNE, LOMBARD, VICTOR.

LOMBARD.

De la part d'Auguste! c'est étrange!

VICTOR.

En effet! il vous écrit...

LOMBARD.

Il n'ose donc pas me parler?

JULIENNE.

Vous vous trompez... Lisez, mon oncle, lisez donc!

LOMBARD, *à Julienne, après avoir hésité.*

Cette lettre... non, je n'ose pas...

VICTOR.

Comment, vous n'osez pas?...

LOMBARD.

Non, je ne veux pas te dire, mais quand je l'ai touchée, ce papier satiné... ce cachet à armoiries... il m'a semblé qu'elle me brûlait les doigts... il y a là-dedans quelque infamie!

JULIENNE.

Ah! il vous écrit, j'en suis sûre, parce qu'il ne peut quitter sa grand'mère, et c'est pour vous expliquer pourquoi il nous a tout-à l'heure parlé si froidement...

LOMBARD.

Eh bien! lis donc, toi! qui as tant de confiance en lui!

JULIENNE.

Vous allez voir. (*Lisant.*) « Monsieur. »

LOMBARD *et* VICTOR.

Monsieur!

Ils se regardent.

JULIENNE, *lisant des yeux.*

Ah! mon Dieu!

LOMBARD.

Eh bien! qu'est-ce que c'est?

JULIENNE, *voulant cacher la lettre.*

Ah! mon oncle! non! non! ne lisez pas!

LOMBARD.

Mais qu'est-ce donc?

JULIENNE.

Plus tard... plus tard! quand nous aurons quitté ce château.

LOMBARD.

Quitté ce château!... Mais donne donc! donne donc! (*Il lui arrache la lettre.*) Quitté ce château!...

JULIENNE.

O mon Dieu! je tremble!...

LOMBARD, *lisant.*

O mon Dieu! mon Dieu!...

VICTOR.

Eh bien! mon père!..

LOMBARD.

Lui, Auguste!

VICTOR.

Mais qu'y a-t-il?

LOMBARD, *lisant.*

Il nous chasse!

VICTOR.

Mon père, c'est impossible!

LOMBARD.

Il nous chasse, te dis-je?

JULIENNE.

Non! non! il vous dit que des raisons qu'il va vous expliquer dans sa lettre le forcent à vous prier...

LOMBARD.

Julienne! assez, assez...

VICTOR.

Mais enfin, quelles sont ces raisons? achevez...

LOMBARD, *déchirant la lettre.*

Je ne veux pas les savoir.

VICTOR.

Mon père.

LOMBARD.

Oh! le misérable! déjà... si vite... en quelques heures, lui que je croyais bon... lui... je te l'avoue, Victor, sur qui j'aurais peut-être compté plus que toi! lui... (*Il sanglotte.*) Ah! mon Dieu! mon Dieu! c'est affreux!

JULIENNE.

Ah! mon oncle, c'est l'ivresse d'un premier mouvement, ne vous désolez pas ainsi.

VICTOR.

Ne pleurez pas, mon père.

LOMBARD.

Est-ce que je pleure? et qu'est-ce que ça me fait à moi? Ce n'est pas mon fils... c'est un enfant abandonné, que j'ai recueilli par pitié, nourri par charité... j'ai voulu en faire un honnête homme, je me suis trompé, je n'ai pas réussi... je n'ai pas à rougir de ce que j'ai fait... je n'ai pas même à rougir de ce qu'il est un ingrat et un infâme!... Ce n'est pas mon fils... il ne porte pas mon nom... il ne lui est pas permis de le déshonorer!

VICTOR.

Mais il y a quelque chose qui le domine... il doit être forcé à agir ainsi... il faut le voir, lui parler.

LOMBARD.

Le voir, lui parler! mais tu ne penses donc pas que, s'il était là, devant moi, je le souffletterais, et je le tuerais?

JULIENNE.

Mon oncle!

LOMBARD.

Car si c'était mon fils qui fût lâche et vil à ce point, je le tuerais!

VICTOR.

Mais il ne l'est pas!

LOMBARD.

Tu as raison, il ne l'est pas. Je n'ai donc que le droit de le mépriser... Mais ce mépris, je ne serais pas assez maître de moi pour le lui montrer... ma colère m'emporterait, ma douleur, mon désespoir éclateraient devant lui... je pleurerais, peut-être! Car, je l'aimais, vois-tu, Victor? je l'aimais comme mon enfant, et il me chasse... il me chasse.

VICTOR *et* JULIENNE.

Calmez-vous! calmez-vous!

LOMBARD.

Allons-nous-en! allons-nous-en! Est-ce que nous avons besoin de lui? Ne pouvons-nous pas être heureux? N'êtes-vous pas mes enfans? ne me restez-vous pas? Allons-nous-en! allons-nous-en! je ne répondrais plus demoi si je le rencontrais, lui, ou quelqu'un de cette noble famille.

SCENE VI.

LES MÊMES, EUGÉNIE.

EUGÉNIE.

Restez.

VICTOR.

Eugénie!

LOMBARD.

La nièce de cette comtesse.

VICTOR.

O mon père! épargnez-la!

JULIENNE.

Elle aime Victor, elle doit être aussi malheureuse que nous!

LOMBARD.

Pardon, mademoiselle; mais il faut que nous partions.

EUGÉNIE.

Vous partez?

LOMBARD.

Oui, mademoiselle... de pauvres gens comme nous ne sont pas à leur place dans cette maison. On nous fait comprendre qu'il faut cesser des relations devenues impossibles, des visites trop fréquentes.

EUGÉNIE, *hésitant.*

Et savez-vous quel en est le motif?

VICTOR.

Ils étaient sans doute dans cette lettre; mais mon père n'a pas voulu en lire davantage.

JULIENNE.

Ah! ce devrait être la justification d'Auguste!

EUGÉNIE.

Non, mademoiselle, non; c'était une trahison de plus.

LOMBARD.

Et que peut-il faire encore, après avoir traité ainsi la famille qui l'a élevé?

EUGÉNIE.

C'est qu'il ne l'éloigne, monsieur, que parce qu'elle gêne ses projets... Car vous n'êtes pas les plus malheureux, vous autres! tandis que moi, promise hier à M. de Monnerais parce que j'étais riche, il faut aujourd'hui que j'épouse le marquis de Gèvres parce que je suis pauvre.

VICTOR.

Vous! épouser Auguste!

EUGÉNIE.

Et comme il sait que vous m'aimez, il veut vous éloigner.

JULIENNE.

Non, vous dis-je, ça n'est pas possible! Trahir Victor à ce point-là! lui, qui l'aimait tant!

LOMBARD.

Et qui t'aimait aussi, n'est-ce pas?

JULIENNE.

Ah! ce n'est pas à moi que je pense; mais je ne puis croire à cette perfidie d'Auguste.

EUGÉNIE.

Mais ce mariage m'a été annoncé devant lui.

VICTOR.

Devant lui?

EUGÉNIE.

Oui, par ma mère, il n'y a qu'un instant, là, tout-à-l'heure.

VICTOR.

Et il a consenti!

EUGÉNIE.

Mais ne m'avez-vous donc pas comprise, et ne voyez-vous pas que je ne pleurerais pas ainsi si ce n'était pas vrai?

VICTOR.

Eh bien! ce ne sera pas vrai, je vous le jure! ce ne sera pas vrai?

JULIENNE.

Victor !

LOMBARD.

Mon fils !

VICTOR.

Mais ce n'est pas votre fils, ce n'est pas mon frère, vous l'avez dit, c'est un infâme! un lâche que je veux punir:

SCENE VII.

Les Mêmes, M. DE MONNERAIS.

M. DE MONNERAIS, *paraissant, et à part.*

Ah! les conseils que j'ai donnés à M. de Gèvres ont fructifié... Ma vengeance commence.

LOMBARD.

Tais-toi, enfant, c'est ma faute... je l'ai maudit et injurié tout-à-l'heure, quand il a brisé mon cœur, et tu l'injuries maintenant qu'il frappe le tien... mais tout cela, c'est plus qu'il ne mérite... c'est de la colère... et je te l'ai dit, il ne vaut que du mépris. Venez, allons! allons!

EUGÉNIE.

Oh! ne partez pas! Que voulez-vous que je devienne, moi!

LOMBARD.

Et que pouvons-nous faire pour vous?

EUGÉNIE.

Je suis pauvre maintenant, rien ne nous sépare.

VICTOR.

Que dites-vous?

JULIENNE, *à part.*

Oh! elle l'aime bien!... elle est digne de lui!...

EUGÉNIE.

Victor, protégez-moi! voyez ma mère... Elle est bonne... elle vous doit la vie... allons nous jeter à ses pieds, et elle ne persistera pas à me condamner à cette alliance.

M. DE MONNERAIS, *se montrant.*

Allez... Et elle vous apprendra que je viens de remettre à M. Auguste un consentement formel à votre prochain mariage avec lui.

EUGÉNIE.

Oh! vous ne le ferez pas!

M. DE MONNERAIS.

Il n'y manque que les noms, car nous ne sommes pas encore très-bien informés de tous ceux de l'illustre marquis à qui M. Lombard a si bien enseigné les vertus qui font le noble gentilhomme.

LOMBARD.

Il est certain que ce serait un misérable de moins en ce monde, si vous l'aviez assassiné tout-à-fait, comme c'était votre intention, monsieur le baron.

M. DE MONNERAIS.

Monsieur...

LOMBARD.

Ah! tenez, monsieur, sur ce chapitre, nous ne pourrions rien avoir d'agréable à nous dire l'un à l'autre... et nous ferons tout aussi bien de rompre l'entretien.

M. DE MONNERAIS.

J'en aperçois le héros, et peut-être vous conviendra-t-il mieux de le continuer avec lui...

LOMBARD.

Auguste! ah! qu'il ne vienne pas! qu'il n'approche pas!...

JULIENNE.

Mon oncle, vous oubliez...

LOMBARD.

Oui, j'oublie que c'est le marquis de Gèvres, que je suis chez lui... et que nous y sommes restés trop long-temps.

EUGÉNIE.

Ah! vous ne partirez pas ainsi...

VICTOR.

Il faudra qu'Auguste s'explique avec moi!...

JULIENNE.

Oh! je le verrai; non, tout cela ne peut être vrai...

LOMBARD.

Mais, venez, venez donc, sortez; je vous défends de le regarder...

EUGÉNIE.

Je ne vous quitte pas...

SCENE VIII.

Les Mêmes, AUGUSTE.

AUGUSTE.

Je suis libre enfin... mon père! Victor!

VICTOR, *allant à lui.*

Monsieur, vous avez chassé mon père de chez vous, celle que j'aime, vous me l'enlevez!... vous êtes un misérable et un lâche.

AUGUSTE.

Ah! Victor! Victor!

LOMBARD, *à Victor.*

Mon fils, je vous défends de rester plus long-temps dans cette maison; je vous défends de venger l'injure que nous avons reçue; la vie d'un homme d'honneur ne doit se risquer que contre celle d'un homme d'honneur.

AUGUSTE.

C'est donc ainsi qu'ils me jugent!

VICTOR.

Ne craignez rien, mon père; il a sans doute tout oublié de vos leçons, même le courage qui lave les insultes dans le sang!

AUGUSTE.

Ah! faites-le taire, mon père!...

LOMBARD.

A qui parlez-vous, monsieur? je ne vous connais pas... Venez.

AUGUSTE, *tombant sur une chaise.*

Ah! c'est trop... c'est trop!...

M. DE MONNERAIS.

Je salue monsieur le marquis de Gèvres. (*A part, en sortant.*) Je suis vengé!...

SCENE IX.

AUGUSTE, seul.

Et ils disaient qu'ils m'aimaient! et sans m'avoir entendu... quand je leur avais dit au bas de cette lettre, que j'ai écrite sous les yeux de M. de Gèvres, que, malgré tout, ils avaient encore en moi un frère et un fils... ils doutent de moi... ils m'insultent... eux... lui, Victor... mon père... car il était encore mon père pour moi.. Ah! ils le veulent ainsi!... eh bien! soit! qu'ils partent! qu'ils s'en aillent, qu'ils souffrent... que m'importe? Non, ils ne m'aimaient pas; car moi, à leur place, j'aurais vu Victor me trahir, je l'aurais vu de mes yeux, que j'aurais encore crié : Non, ce n'est pas vrai! ce n'est pas possible... c'est mon frère... Ah! ils ne m'aimaient pas comme je les aimais, moi!

SCENE X.

AUGUSTE, JULIENNE.

JULIENNE.

Le voilà!... Ah! je suis sûre qu'il se repent!

AUGUSTE.

Julienne!... vous, mademoiselle!

JULIENNE.

Moi!

AUGUSTE.

Venez-vous aussi me reprocher mes trahisons, mes lâchetés?...

JULIENNE.

Non, non, je ne suis rien pour vous, moi; et ce que je souffre vous importe peu.

AUGUSTE.

Vous souffrez donc aussi?

JULIENNE.

Oui, car mon oncle pleure, Victor se désespère.

AUGUSTE.

Et vous me maudissez tous!...

JULIENNE.

Oh! pas moi! car moi seule...

AUGUSTE.

Vous seule?...

JULIENNE.

Moi seule... je n'ai pas voulu croire qu'Auguste...

AUGUSTE.

Eh bien!...

JULIENNE.

Notre frère...

AUGUSTE.

Votre frère?...

JULIENNE.

Que toi enfin...

AUGUSTE.

Toi, as-tu dit?

JULIENNE.

Oui, toi, toi... je n'ai pas voulu croire que tu nous avais abandonnés.

AUGUSTE, *avec explosion.*

A la bonne heure, donc!... à la bonne heure!

JULIENNE.

Auguste!

AUGUSTE.

Merci, Julienne, merci... j'ai donc trouvé enfin un cœur qui m'a compris! qui n'a pas douté de moi!... Julienne!... Oh! embrasse-moi!... j'ai tant souffert tout-à-l'heure!... mais je me vengerai.

JULIENNE.

Que dis-tu?

LOMBARD *et* EUGÉNIE, *en dehors.*

Julienne! Julienne!...

JULIENNE.

Oh! les voilà qui me cherchent... je vais leur dire...

AUGUSTE.

Non, laisse-les venir... il f[illegible] que j'aie mon tour!

SCENE XI.

Mme DE GÈVRES, LOMBARD, VICTOR, EUGÉNIE, M. DE MONNERAIS, AUGUSTE, JULIENNE.

Mme DE GÈVRES.

La voici, monsieur; elle est avec mon fils.

AUGUSTE.

Venez, ma mère. Entrez, monsieur; avant de quitter ce château, pour long-temps peut-être, il faut que vous sachiez au juste ce que vous devez penser de celui que vous appelez votre fils.

JULIENNE.

Oui, mon oncle, venez, je vous en supplie.

LOMBARD.

C'est pour toi, ma fille, pour toi!

Mme DE GÈVRES.

Mon fils, je vous prie de ne pas oublier dans cette explication que vous parlez à un homme à qui vous devez respect et reconnaissance.

AUGUSTE.

Quand j'aurai fini, vous jugerez si je l'ai oublié. Ce matin, madame, vous paraissiez alarmé de la manière dont je porterais le nom illustre qui m'appartient; ignorant les devoirs de cette haute position, j'ai écouté vos conseils, et je m'y suis soumis. Vous m'avez dit que l'amour de M. Victor Lombard pour Mlle Eugénie de Monnerais ne devait jamais avoir d'espérance, et qu'il fallait mettre un terme à des relations peu convenables entre eux.

Mme DE GÈVRES.

Je vous ai dit cela, c'est vrai!

LOMBARD.

Et de vous, madame, c'était justice!

Mme DE GÈVRES.

Et je ne départs pas de cette opinion.

AUGUSTE.

Tout ce que j'aurais pu vous dire pour la combattre eût donc été inutile, et j'ai dû obéir.

Mme DE GÈVRES.

Mais je vous avais dit d'apporter à cette explication avec vos premiers amis des ménagemens...

AUGUSTE.

Qui n'ont pu leur déguiser la vérité, madame: et cette vérité qui leur a paru une basse ingratitude...

LOMBARD.

Et c'en est une d'avoir chassé celui qui vous a nourri.

AUGUSTE.

Vous l'entendez madame!...

VICTOR.

Et c'est une lâcheté d'abuser de sa position pour tyranniser une femme sans défense.

AUGUSTE.

Vous l'entendez... Eh bien, madame, si l'honneur du nom de Gèvres doit me coûter si cher! s'il faut être lâche et ingrat pour eux, afin de le porter dignement pour vous, je vous avoue que je n'ai pas le courage d'une si haute position, que j'en suis indigne et que je la refuse.

Mme DE GÈVRES.

Ah! c'est impossible! Vous êtes le dernier de ce nom prêt à s'éteindre...

LOMBARD.

Et qu'il gardera; car il nous trompe encore, et veut rejeter sur vous tout ce qu'il a fait de lui-même.

AUGUSTE.

Je vous trompe, dites-vous?

LOMBARD.

Et pourquoi donc solliciter avec tant de chaleur ce consentement de M. de Monnerais à ce mariage? Y allait-il de l'honneur de votre nom?

AUGUSTE.

J'ai sollicité ce consentement pour le remettre à Mlle de Monnerais, pour qu'elle puisse y écrire le nom qu'elle voudra choisir.

Il lui donne le consentement.

VICTOR.

Est-ce possible, mon Dieu!

LOMBARD.

Que dit-il?

M. DE MONNERAIS.

Et vous devez lui être d'autant plus reconnaissant, qu'il a pris soin de dépouiller Mlle Eugénie de toute sa fortune; et ceci est d'une [illegible]sse rare.

AUGUSTE.

Oui, monsieur, j'ai dépouillé Mlle de Monnerais de toute sa fortune, pour que la famille de Gèvres accueille le riche prétendu que je veux lui présenter, et à qui j'assure une fortune plus considérable que celle que vous destinez à votre pupille. N'est-ce pas d'un noble gentilhomme, monsieur le baron?

M. DE MONNERAIS.

Ce qui n'est pas d'un noble gentilhomme, c'est de vous être laissé insulter par cet homme.

AUGUSTE.

Et de ne lui pas avoir répandu, comme votre fils, qu'un homme comme moi ne se bat ni à l'équerre ni au compas.

M. DE MONNERAIS.

Monsieur...

AUGUSTE.

Voilà ce que je lui aurais dit, si j'avais été à votre école! Mais comme je n'ai pas reçu vos leçons... je lui dis, moi: Mon frère, tu t'es trompé, je te pardonne, embrasse-moi!

VICTOR.

Ah! Auguste!... Auguste! *Il l'embrasse.*

AUGUSTE.

Voilà ta femme.

JULIENNE.

Ah! j'en étais sûre!... moi!...

LOMBARD.

Et moi, qui l'ai traité d'ingrat et de lâche!

AUGUSTE, *à Lombard.*

Et vous, monsieur...

LOMBARD.

Est-ce que tu m'en veux encore, toi?

AUGUSTE.

Mon père... *Ils s'embrassent.*

LOMBARD.

Ah! tenez, madame la comtesse, nous avons là un fils qui est un brave garçon!

Mme DE GÈVRES.

Vous avez raison, monsieur... et il a été plus sage que nous tous!

LOMBARD.

Eh bien! toi, Julienne, qu'est-ce que tu fais là dans ton coin?

JULIENNE.

Je suis heureuse de votre bonheur.

Auguste va la prendre et la mène devant sa mère.

AUGUSTE.

Ma mère... voyez cette jeune fille... elle seule, quand tout le monde doutait de mon honneur et de mon cœur, quand tout le monde me maudissait, elle seule est venue à moi avec confiance, elle seule m'a dit: Non, tu ne nous as pas trompés, tu es toujours un honnête homme.

JULIENNE.

Oh! oui, un honnête homme!

AUGUSTE.

Et pour qu'elle n'ait pas menti, ma mère, il faut que je tienne la promesse que je lui ai faite. Elle était ma fiancée depuis long-temps.

M. DE MONNERAIS.

Et elle sera?...

AUGUSTE.

Marquise de Gèvres.

LOMBARD.

Et elle ne s'en tirera pas plus mal que le marquis.

Mme DE GÈVRES.

Mon fils...

JULIENNE.

Mais je ne veux pas, moi, être un sujet de désunion.

AUGUSTE.

Julienne, je ne t'ai jamais demandé si tu m'aimais: je me suis trompé, peut-être?

JULIENNE.

Oh! si je t'aime!... je t'aime! car tu es bon et généreux!

AUGUSTE.

Eh bien! ma mère?...

Mme DE GÈVRES.

C'est Dieu qui, sans doute, a voulu tout cela.

M. DE MONNERAIS.

Et tout cela me prouve que je n'ai plus rien à faire ici.

LOMBARD.

Pardon, monsieur le baron; cela devrait vous prouver aussi qu'il n'y a pas deux honneurs, deux probités, deux vertus, et que ce qui fait l'honnête homme du peuple fait aussi le noble gentilhomme. J'ai bien l'honneur de vous saluer.

Paris. — Imprimerie de Mme veuve Dondey-Dupré, rue Saint-Louis, 46. au Marais.

www.ingramcontent.com/pod-product-compliance
Lightning Source LLC
LaVergne TN
LVHW050543100826
845148LV00002B/670

* 9 7 8 2 0 1 2 1 7 5 9 0 7 *